人類圖

天賦使用說明書

12種角色，64個閘門，活出你靈魂喜悅的樣子

Human Design

The Revolutionary System That Shows You Who You Came Here to Be

珍娜·柔伊／著
Jenna Zoë
王冠中／譯

勇於成為真正的自己，是此生最激勵人心的探險。

目錄

6 你的人生角色 101

7 你的天賦 153

【前言】

去制約，活出你原汁原味的模樣

世界正在改變，並且是快速的改變。如果你在閱讀這本書，你大概也檢視過自己目前的想法、行爲、運作與思考方式，瞭解到這些模式或許無法讓我們眞正茁壯。

不論你是觀察最親近的好友，或者是觀察更廣泛的全球情勢，你都會意識到，至少我們都應該要更充實與滿足才對。但我們並不能透過一體適用的「六個步驟達成實現滿足」計畫來做到這一點。

人類圖系統在告訴我們的是，首先你要瞭解一個人的獨特組成特質，然後在此基礎上設計出他們最理想的運作方式。我們知道每個人都是截然不同的，因此，每個人成功、舒適和使命的藍圖理所當然也都全然不同。

我們需要開始認知到自身的個體性，並且在此個體性的範圍內運作，而不是試圖把自己塞進一種同質化的策略框架裡，然後在遇到阻礙時又認爲是自己有問題。

在你的靈魂來到這個世界之前，它就已經決定好它在這一生中要走哪一條道路。爲了協助它做到並且達成它輪迴到這一生想要成爲的一切，它也事先選擇好了協助它做到這一點的存在方式。

你存在的道路並非隨機的，而是神聖的計畫。

透過你的出生時間、日期和地點，我們可以用人類圖系統來精確點出你的天賦、特質和理想的存在與生活方式。

想想在你誕生的那一刻，每個地點和時間都有其能量。你的靈魂選擇了它所需要的能量，作爲你人生的完美起點，因此，你的出生資訊能夠告訴我們關於你與生俱來的本質。

在你出生的那天，你就已經生活在你的最高自我應有的人生中。你的目標只是要去認知到那是什麼樣的人生，並且忠實地活出該人生，而不是活出你認爲自己需要成爲的樣子。你的制約就是你在後天變成的模樣，但那從來都不是眞正的你，而這趟旅程就是關於「去制約」。去制約並不是要變成任何模樣，而是卸下一切你被要求要成爲的樣子。

我們這一生絕大多數時間都被制約要成爲別的模樣，因此要知道自己眞實的本質可能會非常困難。這也是爲什麼有個外在的科學系統來協助我們透析自身的本質會很有幫助。

宇宙把我們每個人都設計成需要成爲的模樣。這不只是爲了實現我們自己的夢想，而且也讓我們的整體社會能夠更美好且和諧地運作，每個人都在其中各司其職。當每個人都能完整地活出他們的天賦與本質，我們作爲一個集體便能達到更高的境界。這也就是爲什麼說每個人生都是有意義的——你就是完美設計來實現你的特定角色的。

問題是，你在實際投入之前並不會知道自己要扮演什麼角色。唯有當你擁抱自己的天賦，你的角色才會在你眼前展現出來。確實，莫札特在三歲時就知道自己是個作曲家了，但那是因爲他的人生道路必須要有這樣的認知。即便你認爲自己很早就知道人生會如何發展，但人生還是會越走越有道理的，這就是人生的設計。

我很確定的一件事情是，當你允許讓自己天生的特質主導你要往哪裡去以及如何前往，它就會帶領你前去展現自身潛能的層面，因爲你要先眞正活出自己，才有可能成爲你的最高自我。所以，是停止要求自己成爲別的模樣、停止追求自己的夢想人生的時候了。請純粹活出自己來到這世界上要成爲的模樣！

勇於成爲眞正的自己，才是此生最激勵人心的探險。

1

你的人類圖

當你來到這個世界上，你會被植入出生當下宇宙中能量狀態的資訊。如果我們能夠估量該能量，我們也就能夠估量你的靈魂選擇要展現的實際能量爲何。

一九八七年，一位名爲拉・烏盧・胡（Ra Uru Hu）的男子創造了一個可以這麼做的系統。該系統結合了占星學、《易經》、脈輪和卡巴拉生命之樹的部分面向，創造了能夠呈現你的眞實本質的系統，稱爲「人類圖」。

每個人的人類圖旅程都是從查看自己的人類圖開始的。

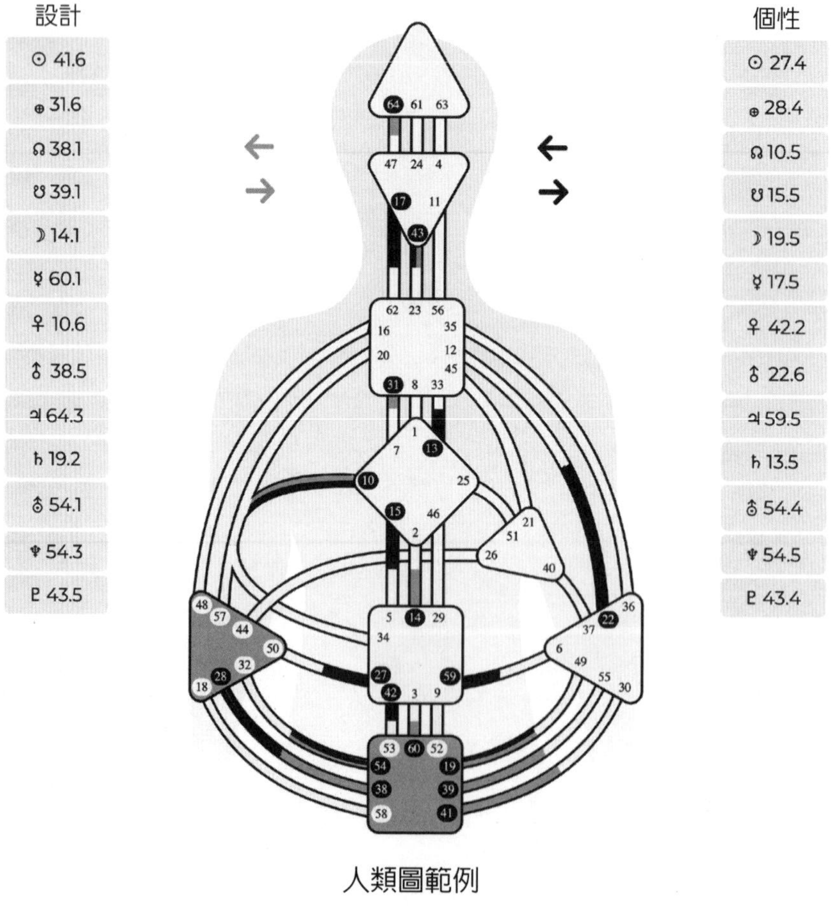

人類圖範例

查看你的人類圖

若要查看你的設計，請上網站（www.myhumandesign.com）或掃描下面的條碼，並且輸入你的出生資料。

你會需要你的出生日期、地點、年分和時間。精準的時間眞的很重要，因爲即使是五分鐘的時間差也可能造成差異。這個差異有時是小差距，有時則是巨大的差別。

如果你不知道自己準確的出生時間，你可以這麼做：

- 若你是出生在美國或部分其他國家，你的出生時間應會記錄在出生證明上。
- 你也可以致電你出生的醫院，請他們查詢你的出生紀錄或者把資料寄給你。
- 如果你只知道自己大概的出生時間，例如早上八點到九點之間，你可以輸入此區間內的不同時間點，看看各個時間點的差異有多少，然後聚焦在那一個小時內都維持不變的元素上。有時候差異會非常小，但有時候可能你的能量類型都會完全不同了。
- 如果你眞的困在出生時間的問題上，你也可以尋求占星的協助。有一些非常出色的占星師會提供推算出生時間的服務，他們會根據你當前的人生經歷來回推你的精確出生時間。這個概念很瘋狂，但也很讓人驚奇。

我們也有行動設備app軟體My Human Design，掃描下面條碼即可下載。

你可以用這個軟體來跑圖，數量不限，而且可以把圖存在手機裡。軟體提供了每個人設計的完整描述，包含聲音檔與文字敘述。

閱讀你的人類圖

人類圖就是你的能量地圖。每個人都有一個實體身體和一個能量身體，那感覺就像是一個能量看板，不論你走到哪裡，都會顯示你的能量狀態。它包含了關於你的特質與天賦的所有資訊，而且當人們在你身邊時，他們就能夠感受到這些能量特質，不論他們是否有意識到。

當你走進一間屋子裡，如果人們所展現的自己與其能量透露出來的特質相符，這些人便是非常有磁性的人，因爲他們的靈魂和他們的外在是一致的。

活出你的設計

活出你的設計意味著你透過符合自身系統設計的運作方式來做選擇。以下爲主要的層面，我們會在本書中一一討論每個層面的元素：

- 你的能量類型：你的能量流動的方式。
- 你的策略：你要如何以最輕鬆省力的方式投入事物當中。

- 你的標誌與非我主題：宇宙用這些方式讓你知道你是否在正確的軌道上。
- 你的權威：如何做出對你而言正確的決定。
- 你的人生角色：你的角色性格。
- 你的天賦：你天生很擅長的特質。

當你把所有這些元素整合在一起，它們能夠讓你知道要如何活出你的眞我，而不是活出由他人建構的形象，也就是由外在期望所賦予你的角色。

人類圖的精神

比方說，你的靈魂來到這個世界上是要凝聚人們的，而當你對這部分特質越有覺察意識、越能夠接受它、並且實際去活出這項特質，它就能爲你創造更多唾手可得的成功，因爲你是在向全世界展現你的眞實本質，大多數時間甚至不需要任何言語來表達。因此，人們知道要向你尋求什麼，並且宇宙傳遞給你的所有事物都能夠正確地被接收。

如果你不做任何其他的事情，完全專注在遵循你的策略和權威，你必然會活出自身設計中的所有其他部分。即使你不知道那些部分的存在，你還是會自然而然地活出那些部分，因爲透過策略和權威，你會在每個交叉路口都把人生的載體導向正確的方向。因此，你的人生道路會以該有的方式呈現出來，這意味著你內在的一切也都會自然地到位。

忽視頭腦的意見

每個人的頭腦都成就了不可思議的才華、智慧和專長，然後把這一切與世界分享。這是你的天性本質才可能創造的獨特貢獻。在人類圖系統，我們的頭腦是設計來用於外在世界的，但我們並沒有把頭腦用在這個地方，因爲我們的頭腦已經被我們私人生活中的所有面向占據了。

我們被制約要把頭腦用在處理內在事物上，而這就是我們許多苦惱的源頭。當頭腦被用來處理我們自身的事情時，它會拋出許多過度的擔憂、焦慮和恐懼。請把頭腦的焦點轉向對外，看著它大展長才，你會很驚訝地發現，你的頭腦以及你對人生的見解變得機靈與敏銳許多。

由於你的頭腦對於自身眞實模樣的觀點是受到汙染的，因此關於什麼對你是正確的、哪些事物行得通和哪些行不通，你並不能依靠頭腦來指引你前往自己最高、最強大的表達，因爲頭腦從來都不是設計來做這件事的。

關於你自身的人生道路，需要由其他的部分來提供指引，也就是你的策略和權威。相較於頭腦，策略和權威能夠爲你提供更好的指引，因爲那就是它們主要的功能。

你在本書中閱讀到的所有資訊，你都需要實際運用在你的人生中。別透過你的頭腦來分析這些資訊是否眞實正確。純粹去投入實驗，看看會帶來什麼結果。書中提到的所有特質，實際上都是中性的，每項特質本身都有正面的表達和負面的表達。我們在做事時是否帶有覺察意識，會決定表達的面向。因此，請試著不去評判我們在書中討論的各項特質是「好」或「壞」，因爲這麼做只會把我們困在我們認爲自己需要成爲的模樣，而不是跳脫去成爲我們可以成爲的模樣。

2

你的能量類型

人類圖系統的起點是你的能量類型。這就像問某人他們是哪個太陽星座。

你的能量類型描述了你要在這個世界上運作的獨特方式——你的能量多寡和能量模式，以及你做事和休息的方式。最重要的是，你的能量在哪裡能夠獲取最大的獎賞與回報，以及如何獲得這些獎賞與回報。每個人都有各自做事情的方式，而你的能量類型會告訴你關於你的最佳運作模式。

我們很常會試著用我們認爲應有的方式去做事情，或者用我們被告知最適合所有人的方式來做事情。但當你付出了非常多的能量與努力卻沒有得到任何成果，或者換來的只是疲憊、掏空和不快樂，你其實知道你正和自己的能量類型背道而馳。

但當你遵循自身自然的運作方式，而不是試著要以你認爲應有的方式做事情，那麼你生命中的一切就會變得越來越輕鬆、自在且成功。

舉例來說，如果你是爆發型的能量，而且事後需要完全停下來好好恢復的運作模式，那麼從事一項日復一日、朝九晚五付出相同能量的工作，對你來說是行不通的。

或許全世界都在告訴你說這是成功的唯一方式，但很諷刺的是，那卻正是阻礙你的枷鎖，因爲那並不是宇宙設計你要來成就的最佳人生。

目前而言，我們只是開始要來看看，不同的工作和生活模式會如何協助世界各地的人們成長茁壯，並且活出他們的夢想。

一切都從瞭解自己的運作方式開始，並且要全然信任那個模式，拋棄任何「應該」的想法以及這個世界給你架構的框架。

每個人都有不同的獲得、
給予和產生能量的方式。

當你以天生設計的方式來做這些事情，
你會發現全然不同的自在與流動感受，
這是當前現狀永遠無法帶給你的感覺。

顯示者

顯示者有著無定義的薦骨中心，且情緒中心、心臟中心或根中心至少有一個有定義並連結到喉嚨中心。

顯示者（Manifestor）的特質

顯示者是個瘋狂、強大且具有玩心的物種

身爲顯示者，你生來就帶有強大的感受力，知道自己想要成爲什麼模樣。你天生就知道要如何提升自己。

但很可能你生命中的大人們都被要求管教你天生的衝動傾向，因爲在他們所接收到的認知裡，大人就是應該要把小孩管教好。但在你身上，管教你、告訴你說太野、太主動、太強勢是不好的，反而會阻礙了你的能量，因爲那些就是你生來要展現的特質。

你不僅生來就該是那個樣子，而且那實際上也是人們會最愛你的模樣，儘管他們可能沒有意識到這點。而且在那些特質下，也會是你最成功、最有影響力且內在感受最平靜的狀態。

即使你可能曾經因爲聽話以及放棄自己的渴望而受到稱讚，但是，允許你自己去做任何你想做的事情，才是你在此生要扮演的角色。

顯示者的角色

創造動能

身為顯示者，你是發起者——你讓事情動起來、你展開某事物、你創造動能（而且經常是很輕而易舉的），然後讓他人能夠加入或者跟進。你不需要「想辦法」創造動能，你只需要遵循自身的衝勁，因為那就是能夠給他人帶來正確推動力的元素。當你全然地展現自己，你的行動總是會為他人點燃火花，讓他人能夠做出反應。你所做的和創造的，會在他人內在激起漣漪，正確的人們會蜂擁而至來跟隨你。這就是你。你是火苗，而其他人是你引燃的火焰。

做自己想做的事

關於創造新動能，在你實際走出去做這件事之前，其他人是永遠不會理解的。因此，這起始於你允許自己起身去做你的內心引領你去做的事情，深信這方式必定能讓你創造所有你想要的事物。

當你允許自己去做你想做的事情，你就能夠輕易地找到正確的人來加入你的行列。你的本質有種自行挑選的機制，能夠把他人分篩為三種不同的類別，藉此取得最佳的結果。在第一個類別裡，人們會直接受到你的吸引，因為他們在生命中需要而且想要有這樣的特質，這些人會想要追隨並參與你所創造的任何事物。對其他人來說（第二個類別），這會惹毛他們，因為你是在把他們搖醒。雖說這是你在做自己的事情時會自然產生的效果，但對那些人來說，感受到自身的進化實際上是非常健康的事情。還有第三類人，他們本來就不該跟隨你的衝動所帶來的任何事物，所以他們完全不會有任何反應。

你最大的渴望就是能夠做你想做的事情。顯示者是意料之外的領導者，因爲很諷刺地，當他們在做他們想做的事情並且讓別人看見他們在做這件事情時，那會吸引人們的注意，而這些受到吸引的也正是應該參與其中的人們。因此當你著手去做自己的事情，和群體脫離，結果你反而創造了一個更有益且更志趣相投的群體。這個更崇高也更好的群體，還能激起他人的參與。你最渴望的就是能夠獲得支持，然而，實際上當你停止那些你爲了取得支持而認爲自己必須做的事情或說的話，並且做那些內在動能在召喚你去做的事情，你才會接收到最眞實且最誠摯的支持、敬仰與接納。因爲你內在的動能引導你去做的事情，也會給他人的人生帶來很大的助益。你的工作就是要展現你的強大能量，因爲這正是別人所需要的，只是你或他們都還沒意識到這點。

把自己想像成火車駕駛——你告訴人們火車要開往哪裡以及幾點會抵達，想要搭乘這班車的人自然就會上車。你不需要親自到月台上去問每個人他們要去哪裡，因爲當你想要討好每個人時，是哪裡也去不了的！

顯示者的能量模式

顯示者的能量並非穩定一致的，而是像波浪般起伏

由於你是發起者，因此，你的設計並非一整天都會有持續穩定的能量水準；相反地，你的能量

顯示者

別再讓他人來告訴你說你有多麼強大，

讓你來告訴你自己吧！

是屬於爆發式的。當你在做事和創作時，你的能量是處於百分之兩百的狀態，之後你的能量會降回百分之五十或百分之二十的狀態，好讓你可以休息並爲下一個企劃做準備。宇宙會透過給予你衝動的能量來指引你，那是種發自內心的自發性渴望，告訴你接下來要在生命中做什麼。

你的設計並沒有從事朝九晚五工作的持續能量，你的能量狀態是有高峰和低谷的。在能量高峰狀態中，你會有充沛的能量與力量；而當你完成執行你的衝動渴望時，你會需要回歸到自己平常的狀態。當你能讓自己隨著這種能量起伏流動，你所做的每一件事實際上就會展現最強大的影響力。就像火焰一樣，如果你整天都呈現緩慢悶燒的狀態，是不會造成任何衝擊的；但如果你把某個東西點燃，讓那東西被吞噬到大火裡，即使時間很短暫，別人也會注意到，然後這把火就會延燒下去。

當你就自身的衝動能量採取行動，就會給世界帶來漣漪效應。這是你無法控制的，而且你也不是要來牢牢掌控每個人如何反應你所做的事情。一旦你做了那件點燃你靈魂的事情，就要放手，讓那些火花自由飛往它們該去的地方。

顯示者如何校準

擁抱你的強大存在

強大的存在並不可怕，不過它受到太多的誤解。它並不是很大聲、具侵略性或者很挑釁。它純粹就是無所畏懼地堅守自身的本質，並且向世界展現該特質，而不是爲了任何人去做調整和改變。

要相信你的本質就是完美的，因爲那就是宇宙爲你量身定做的，因此那是你需要去彰顯的，而不是爲之感到羞恥或愧歉。

可以考慮這麼做：別把你的本質想成是「你」；那只是借給你在這輩子使用的，讓你可以享受這項特質，並且和別人分享。想要過個好人生，奧祕就在於相信你渴望做的事情會改善他人的人生，前提是你必須全然接受這項特質的所有不同面向。

當你能夠毫不遲疑地全然堅守自身的本質，人們就會注意到你，而讓人們注意到你，正是身爲顯示者能夠啓動自身人生目的的關鍵元素。

你不需要試圖展現強大

顯示者內心深處能夠感受到他們是要來影響他人的，但是這個世界都在告訴他們說，他們需要找出「方法」來做這件事。事實上，那是當你遵循內在的動能時，會自然而然發生的副作用。當你去做任何你想做的事情時，當你去做那些讓你感覺充滿活力的事情時，那就會是每個人都獲益的時刻。至於爲什麼我們很難去擁抱這樣的特質，那是因爲社會教導我們，如果要協助他人，我們就必須犧牲自己渴望的事物。但事實上，透過最眞實地表達我們的本質，我們才會對他人最有幫助。宇宙就是建構在這樣的雙贏原則之上。

你的能量熱切且強大，這是好事。想像當某事物如排山倒海般朝你襲來，它推動了你、改變了你的人生方向，而這就是你的最高表達。當你的親友無法跟上你的強大能量，千萬別往心裡去，因爲他們的角色設計和你不同。如果你所做的並不強勁也沒有衝擊，那就不足以把人們喚醒，而喚醒人們正是你的行動需要達到的效果。當你起身去做讓你快樂的事情，所展現出來的強烈能量是很好也很美的，因爲被強化的是快樂。擁有強大能量又沉浸在喜悅當中、感受內在平靜與和諧的人，是多麼有吸引力啊！就是這樣的人才會給世界帶來改變。

你只需要停止活得渺小

然而，在你的一生當中，大概會有很多人告訴你說，最好收斂一點自己的本性。有很多的顯示者最後變得過度充滿歉意、懷疑自己或者把自己的能量浪費在討好他人上，而不是百分之百相信自己，並且把能量用在那些他們內心眞正想做的事情上。

顯示者也會深刻感受到來自他人的批評和指責，這會造成他們不願意與人分享自己想做什麼，或者想要和人們保持距離。他們會害怕被看見，因爲他們認爲被看見就等於必須承受他人的檢視。但要知道，實際情況不一定非如此不可。當你完全接納眞實的自己時，你吸引來的人生會充滿肯定、崇敬和支持。

任何讓自己的能量收斂而變得渺小的舉動，都會阻礙他人感受到你眞實本質的強大，也會阻礙你感受到自身的強大。因此，如果你正活出符合自身設計的人生，但仍覺得自己還可以有更大的影響力與成功，那麼就專注在擺脫害怕被看到的恐懼，讓自己散發光芒。

生產者

生產者有著有定義的薦骨中心，但薦骨中心、心臟中心、情緒中心和根中心都沒有透過完整有顏色的通道直接連結到喉嚨中心。

生產者（Generator）的特質

生產者的人生目的是要在世界上創造好的能量

如同名稱所顯示，你是要來「產生」能量的。每當你在做讓你快樂、興奮和活躍的事情時，你會產生許多好的能量，向外發散，而你身邊的每個人都會感受到或者因此受益。展現開朗閃耀的能量是你的最高使命，因爲當你快樂和興奮時，滿溢的好能量能夠啓發、推動和提升你周遭的每個人——一切都發生在無形之間。

生產者生來是要成爲其技能或熱愛事物的大師。當他們投入去做他們所愛的事情，謙遜踏實且按部就班地去做那些事，一切便會堆疊成難以想像的好結果，突然間，在不知不覺的情況下，他們就實現了自己的夢想，達到頂尖的地位。

生產者有著開放且誘人的能量場，會把其他人拉向他們。當你對某事物感到興奮時，你會變得充滿活力，而這股能量也會不自覺地感染周遭的一切人事物。這就是生產者的魔力——當生產者開朗活躍時，他們有著非常迷人且閃耀的能量，讓每個人都想接近他們，儘管他們自己並不知道爲什麼會有這種感覺。

由於這個原因，當生產者在做他們喜愛的事情時，每個人都會獲益。

生產者的角色

想活出你的人生目的，就去做讓你快樂的事情

如果你想要協助他人，要知道，宇宙已經給了你特定的熱情，而那就是你要遵循的，如此才能活出你的最高表達。讓你喜悅開朗的事情並不是隨機的；它們是特定會讓你感到興奮的，因爲你就是那個應該去做那些事情的人。對你來說，人生眞的單純就是允許自己去做你喜愛的事情，並且知道這就是你能夠服務他人的最佳方式——即使在你實際開始這麼做之前，你的邏輯頭腦實在無法理解那要「如何」服務他人。

你的喜悅開朗會讓他人更有活力、更興奮、更有生產力，並且也能給他們的人生帶來動能。不論你有著什麼樣的職業頭銜，你所提供的眞正價值在於，你會爲這世界注入活力能量。

要怎麼知道什麼事情會讓你快樂？

興奮感和渴望是來自你的腹部深處，那也是生產者圖中最重要的部分。那部分的身體掌管著你

的能量。當你遇到讓你興奮的事情時，不論那是一套餐點、一份工作或是一個情人，你的能量就會活躍起來並向外擴展。你實際上也能感受到腹部深處的這股能量，而且你周遭的人們也會接收到這樣的能量，不論他們有沒有意識到。這會讓他們想要待在你身邊，和你一起共事，買任何你要推銷的東西，或者純粹就是給你一個擁抱。而這也會帶來一連串的機會，以及促進你與世界之間的同步。因此，你眞的不需要事先想好要做什麼，你只需要對讓你興奮的事情說「好」，就能啓動這整個過程。

生命經常會帶給你一些你可能喜愛或想要的事物，你需要做的就只是去留意到那種內在自發性的興奮回應，然後伸手去抓住那些東西，不論是要去做它、創造它、吃它、使用它、把玩它、買它或者任何的狀態。興奮感總是和行動有關，而非關於結果。要確定是因爲那件事情眞的讓你興奮才去做，而不是因爲你認爲那會得到你想要的結果而去做。如果你因爲覺得自己必須壓抑自己的快樂才能獲得某種結果，那通常都不會有好結果。因爲事實是，你並不是要來思考最終結果的。如果你用讓你快樂和興奮的事情來鋪路，你就會創造出最好的結果，即使你並不知道那結果會是什麼。

到最後，你喜愛的事情，就是那些會帶領你實現夢想人生的事情。你需要做的就只是相信這一點。

生產者

人們並不是要來買你的產品和服務，
人們是為了那背後的喜悅和活力而來。
這也是為什麼你最大的成功機會
就是去做那些讓你充滿生命力的事情。

生產者的能量模式

多做一些讓你興奮的事情

當你做你喜愛的事情時，你可能會持續好幾個小時，而且會越做越起勁，越做越充滿活力。這就是宇宙在告訴你說要多做這些事情。你在一天開始時會有一定的電池量，把這些能量用在能帶給你滿足的活動上，而當你的電力用完時，你可以輕鬆地倒頭就睡，為明天的活動充飽電力。

當你在做那些你並不感興趣的事情時，你會感覺枯竭和疲憊。這就是生命在試著阻止你做更多這類的事情，並且告訴你說，那些並不是你應該花時間去做的事情。生產者最大的制約就是，你在做那些你不想做的事情時獲得了他人的讚美——或許是因為你做那些事會讓他們獲益。

舉例來說，在你小的時候，你的爸媽會說你去探望祖母這件事「做得很棒」，但其實你並不是真的想去探望她；或者你的朋友依靠你的生產者能量來協助他們搬家，或是協助凝聚一群人。然而，這只會造成反效果，因為當你對要做的事情不感興趣時，你就不會產生那種誘人的活躍能量，而這種能量才是他們真正想要在你身上獲得的。當然，你還是能夠完成協助他們搬家這件事，但這個過程中並不會給雙方帶來提升的能量狀態。如果你在做那件事情的時候並沒有興奮感，那就是在暗示說，宇宙其實還有更好的選項要給對方。

生產者如何校準

對你不感興趣的事情說「不」

當你信任自身的興奮感來作爲神聖的指引，實際上那也會是你爲每個參與者所做的最棒的事情。當你因爲某事沒讓你感到興奮而對它說「不」，或許對方本來就該去找到更適合的人來協助他們完成這件事，或是自己想辦法解決，進而發現他們其實比自己以爲的更有能力，能夠想出更有創意的解決方案，或者被迫用新的方式來做事情，因而實際上讓他們更爲獲益。你永遠都無法預想到說「不」實際上能給那情況帶來多大的幫助，但你的興奮感（或者缺乏興奮感）總是會引導你達到最佳的結果。

說「不」能夠排除那些沒能帶給你興奮感的事物，爲你的人生創造出空間，讓宇宙能夠開始傳送給你更多確實會讓你感到興奮的可能事物。

宇宙喜愛清空的空間，因爲你是在發送訊息說，你想要更好的事物，而且宇宙也會因此趕忙來協助你填滿這空間。

如果你對所有的事物都說「好」，就不會有空間容納那些你眞正渴望能進入你生命中的事物。

每當你來到想要做出改變的狀態時，你並不需要去「找出」該做什麼新的事情，只要停止忙著去做那些不能帶給你快樂的事情即可。當你創造出空間，你就能聽到你的靈魂發出眞正的喜悅。

對於無所事事的恐懼

生產者爲什麼會害怕開始說「不」，這是因爲他們在生命中一直因爲他們做了什麼而獲得讚美，而他們會害怕如果他們不再忙著東奔西跑（即使只是很短暫的時間），好事就不會再發生在他們身上。

生命想要看到的是，你是否夠勇敢去對抗這些錯誤的信念，並且敞開心胸去做讓你開心的事情，而不是壓抑自己的喜好。

在排除那些不能帶給你喜悅的事情後，你可能會有較多的空閒，但這只會是暫時的。記得善用這些空閒來看看周遭。人生就在周遭上演著，而且其中充滿著可能帶給你快樂和喜悅的事情。當你忙著做那些你認爲自己「必須」做的事情，你就不會看到那些可能帶給你喜悅的事情；但現在你有了空閒，你就可以看見宇宙一直想要讓你看到的那些東西。

顯示生產者

顯示生產者有著有定義的薦骨中心，而且透過整條有顏色的通道連結到有定義的喉嚨中心，不論是直接連結，或是透過自我定位中心間接連結。

顯示生產者（Manifesing Generator）的特質

你會對多種事物感到有熱情

顯示生產者是生產者和顯示者這兩種類型的綜合體。和生產者一樣，做讓他們開心的事情會在顯示生產者的系統內產生能量，而且那股能量會非常閃耀，能夠吸引所有對他們正確的事物。但他們也融合了顯示者的自主與玩性，意味著他們可能出其不意地轉入新的方向。由於這個原因，他們是要來經歷非常多樣方向、非常動態且廣泛的人生歷程。

你會有多樣的喜好，而且也注定要在一生中從事非常多樣的事情。然而，我們所生活的世界都在告訴我們，若要能夠獲得快樂或成功，你必須選擇一條道路，並且要一直保持在這條路上。但對你來說，這並不適用。每個在你內心引發熱情的事物，都在試著吸引你去投入，而如果你真的投入了，它就會帶領你達到你所渴望的一切。你的挑戰是要抵抗社會告訴我們關於快樂和成功的概念，並且向我們展示一條獲得快樂與成功的新道路。顯示生產者帶給這世界的禮物就是讓我們突破我們所處的框架，擴展我們的視野去看見其他的可能性。

顯示生產者的角色

你生來是要去探索前所未見的人生道路

顯示生產者並不是那種在十八歲立志要成爲會計師，然後就終其一生只從事這項志業的人。生命，或說是宇宙，會推促顯示生產者去探索許多不同的方向，因爲它想要你去創造你自己獨特的喜好組合，並且把它們轉化爲一條全新的人生道路，一條從來沒人看過或走過的道路。因此，這可能意味著你至少會在人生中的某個時點轉換到一個全新的職業，或者你會同時擁有許多不同的愛好和副業，抑或你會把幾個看似不相關的事情結合成一項事業。雖然沒有人做過，並不意味著你不能做。事實上，那可能就是你必須去做的原因。

你能夠迅速精通新事物

在剛開始探索一項喜好的事物時，顯示生產者會變得熟練，讓他們能夠迅速學到一項技能或課題，而這些都是他們在未來能夠派上用場的。由於這個緣故，他們未必需要「完成他們展開的事物」，未必需要從頭到尾做完一件事情。即使你並不知道那項課題或技能何時會派上用場，但你必須相信，之後一切都會水落石出。你一直被制約要把自己放到一個框架裡，好讓這世界能夠瞭解你，知道你要往哪裡去，這樣才會讓每個人都感到安心。但你的挑戰是要去抵抗必須說明自己要往哪裡去的壓力，並且安於未知的狀態。當你這麼做的時候，宇宙就能夠帶給你更多的可能性。

將未知轉化成驚奇與發現

你的人生道路並非一條直線，因此在道路浮現之前是沒法被理解的。每當你對於這種未知有所猶豫或感到害怕時，要理解到一件事情是，這種恐懼是來自你的制約，認爲已知的事物是比較好的、比較安全的、比較確定的。但眞正確定的事情是，當你選擇你內在熱切的喜好，而不是外在世界帶給你的有限事物，你才會獲得最大的成就滿足感。這就像是宇宙把你自己的指引機制內建在你身體裡。

在靈魂的層面，你確實喜愛未知的事物，因爲那會讓生命感覺像是一場探險，在過程中會帶給你驚奇和喜悅。想想這件事：如果你老早就知道事情會如何發展，那你還來做什麼呢？而當你開始熱愛探索自己的生命歷程，你也會向所有人展示出這就是我們大家渴望經歷人生的方式。你只需要比我們任何人都堅強，也要比那些想要把你侷限在舊道路上的聲音更堅強。你是要來展現信心，相信在現有事物上還有更多的可能性。

顯示生產者

你並不「脫序」，

因為你原本就不是設計來「循規蹈矩」的。

你是要來為我們開創新道路的。

顯示生產者的能量模式

身為顯示生產者，你的能量是很及時且自發性的

由於你的多樣方向性，因此要確定你未來會對什麼事物感到興奮是很困難的。你只有在當下才知道今天什麼事情讓你覺得興奮，而這可能是會改變的，因此，試著別對太多未來的事情說「好」。要做到這點可能會很困難，因爲我們生活的世界很重視做計畫、做承諾、遵守承諾、以及知道自己想要什麼。但是，你的設計並不是這樣做事的。

顯示生產者如何校準

做你真正想做的事情

你的熱情和渴望都是指標，在告訴你宇宙想要你把注意力和能量投入哪些事情當中。你想要的並非隨機的事物，而去追求這些事物正是你可以帶給這世界的最高服務。

當你在做讓你興奮的事情時，不論事情的大小，你都會被賦予更多的能量，好讓你可以持續做那件事情。那就是宇宙在告訴你，它想要你持續下去。

你大概能夠想到你人生中的某些時刻，你在做你非常喜愛的事情，因此你感受到了充沛的能量注入，讓你能夠毫不費力地持續做下去。而當你在做你不感興趣的事情時，你會感到單調和乏味，

那就是生命在告訴你說，你不該去做那件事情。

把你的動能用在正確的事物上

你是超級有能力的，只是你的設計方式讓你能夠活出這種多重喜好的人生。但雖說你能夠做任何事，並不意味著你就應該做所有的事，特別是爲其他人做所有的事情。你應該把你的生活塡滿自己喜愛的事物，而不是來者不拒。對某些事情說「不」，讓自己暫時事情少一些，實際上會是比較好的，因爲這會讓你有空間納入更多你確實想做的事情。讓你的生活中充滿滋養你的事物，和純粹爲了塡滿空閒而在生活中硬塞入各種事物，這之間有著巨大的差別。

因此，顯示生產者們，請允許自己擁有最不切實際的充實好生活，因爲那就是你來到這世界上要向我們展現的。

投射者

投射者有著無定義的薦骨中心，而且心臟中心、情緒中心和根中心都沒有透過整條有顏色的通道連結到喉嚨中心。

投射者（Projector）的特質

你擁有天賦能以不同於他人的方式來看事物

你是要來調整、改善並以特定的方式提升事物的效率，而這些特定方式是只有你才能辦到的，不論那是透析他人、建構系統或是設計新的做事方式，每個投射者都有自身特別的能力。

就像樹枝上的鳥兒，可以看到獅子和斑馬要從甲地走到乙地。由於你擁有至高的視角，因此，你可以引導人們以更好、更有效率的方式到達他們想去的地方。你有能力針對人生中的特定部分獲得更高的觀點和全然的清晰感，而你的人生使命就是要利用這個優勢來改善和調整他人做事的方式。

當你的努力是聚焦在引導和改進時，你也會處於最成功和最滿足的狀態。

你會因為你的觀點而受到重視

成功來自你向世界分享你的洞見。第一步是要接受你的「工作」和世界上其他的工作看起來並不一樣。你的工作是關於看見，而非只是一直做事。人們不會因爲你做了多少事情而重視你；人們會因爲你給他們的人生增添多少價值而重視你。你是要來展示、呈現、教導、諮詢或引導他人邁向新的或更好的途徑，不論你實際上的職稱是什麼。

所有的投射者都是瞭解系統的專家，知道要如何更好地做事。所有的投射者都在特定的領域或主題上有清晰的洞見，而那些就是他們應該要聚焦和專精的主題。如果你試著要知道那些主題是什麼，很簡單——那些主題就是讓你全然著迷的事物。宇宙讓你對這些特定的事物著迷，就是因爲它們是和你的人生使命綁定在一起的。投入這些讓你能夠孜孜不倦地學習和談論的人生領域，那些就是你生來要運用自身洞察力天賦的地方。你所著迷的事物並非隨機的，它們是很神聖的。

投射者的角色

你是要來協助人們更好地工作和運作，而一切都從你開始

你的設計是非常有效率的，讓你能夠在三小時內就完成那些我們被教導在八小時內完成的事情。你被教導超量工作會讓你的地位更高且更成功，但如果你眞的陷入這樣的信念裡，你就會一直

感受到被掏空和不滿足。你可能會在某事物裡投入大量的能量，但卻得不到多少回報；你能夠擁有某種程度的成功，但是在內心深處，你仍舊會感覺應該還有更輕鬆的方式才是。

你是要來把自己從這種對生產力執迷的制約中釋放出來，好讓你能夠成爲大師，來讓世界上其他的人都變得更和諧且更有效率。

你越是去協助改善我們生活和工作的方式，你就會變得越成功。這是你可以仰賴的模式，而且每當你試著要在人生中進一步提升時，這也是你可以回歸的核心。

投射者的能量模式

你的電池或許較小，但卻更有效率

你的能量水準對你來說就是完美的設計，能夠協助你實現你的人生使命。你的能量並不是設計來做一整天的輸出，而是設計來把大多數的時間用在觀察、學習、處理、調整和發展你的才能。當你這麼做的時候，過程中所帶來的創新，就是你能給予世界的最大附加價值，因此，這是一種投資。由於此緣故，生命會要求你多休息，要比你被教導的「正常」狀態或成功人生所必須的還要更常休息。

你只在有需求時去做分享和輸出，而當眞正有需求時，這是能夠帶來長遠幫助的。當沒有需求時，就算你分享了一整天，也不會帶給任何人助益。強迫自己要和那些你認爲有強大能量的人看

投射者

當你賞識自己的那一天，

也就是別人開始賞識你的時候。

齊，只會讓你筋疲力竭，使你無法展現自己的才能。只有在觀察和處理資訊的過程中，你才會更好地發揮才能。當你有著敏銳的眞知灼見，不僅會有更多人看見你的才能，同時當你在分享時，也會帶來更多的價値，讓你有更大的影響力。

要信任你所擁有的才能和天賦。宇宙賦予你這些才能和天賦是有原因的，那就是要讓這世界變成一個更好的地方。因此，別因爲你天生擁有這樣的洞察力，就去懷疑自己分享這項才能所能帶來的寶貴價値。

投射者如何校準

只有當人們有意願時，才和他人分享你的天賦

在內心深處，你知道自己有著寶貴的建議和指引能夠協助他人，而且你可能從小就有這種感覺了。然而，你大概也曾經在人生中經歷過自己給出了寶貴的建議，但卻感覺不受歡迎。當別人對你要分享的東西沒有熱切的興趣時，你所說的任何東西都會像是耳邊風，不會被聽進去。雖然你覺得自己是在幫助他人，但如果他們並沒有敞開心胸去接納，那麼是不會有任何效果的。如果你一直想要某些人「聽懂」你的話，你只會搞得自己的能量枯竭。請專注在只向那些眞正想要你給予指引的人做分享，因爲那樣你才可能不費力地獲得回報。

讓自己能被需要的人看見

強迫自己並不會創造成功的事業。如果你曾經試著和人接觸、單方面地給出建議、告訴人們該做什麼、或是去控制環境，想要藉此成就某些事，那麼你只會遭遇困難、阻力和障礙。相反地，你應該運用自身的能量來爲自己的天賦創造一種模式，好讓人們能夠輕易地看見和瞭解你的才能，如此一來，需要你協助的正確的人就會前來找你。以這樣的方式做事，會更輕鬆不費力地獲得成功。

每當你覺得自己被困住時，要問問自己：「我要如何讓自己更能觸及到需要的人？」要讓其他人看見你的天賦，首先你要認知到自己的天賦，並且珍惜這些天賦。把你的能量場想像成你的廣告看板，當你很清楚自己的貢獻和價值時，它就會隨時隨地正確地把你宣傳出去，不論是在超市、在工作中或在網路上，而對宇宙來說，那都是一樣的。

反映者

反映者的九個能量中心都是無定義的（白色的）。

反映者（Reflector）的本質

反映者會接收一切事物

當你去看反映者的人類圖，你會看到他們的圖異常地空白和開放，這是很少見的（只有百分之一的人口是這種設計）。這種開放性意味著你是徹底接收性的——你接收周遭的世界和其能量；你接收一切事物。

這意味著你的本質非常清澈，就像一張空白的畫布，經常在體驗成爲不同的畫作是什麼感覺——純粹看當天被畫了什麼而定。

反映者有兩種明確的顏料：

1. 你所在的地點與周遭人們的能量

你的能量就像迪斯可舞廳的旋轉球燈，就算房間裡只有一道小小的光，旋轉球燈也會把它極度放大。如果你身邊發生的事情強度只有一成，你則可以感受到八成的強度。由於此緣故，你會接收到對別人來說很細微的能量，而且你可以運用這樣的天賦來呈現你所做的每件事。

你有時候可能能量高漲，然後又迅速回落；有時候可能情緒高漲，然後又變得毫無情緒，一切端視你從周遭環境中接收到什麼。有時候你會很疑惑哪個才是「你」。但事實上，那全部都是你，只是這其中是沒有一致性的。你是要來用比他人更豐富且多樣的方式體驗人生，而那確實也是你的靈魂所渴望的。

2. 當下宇宙中的能量

即使你沒有從周遭的人們或環境中接收能量，這世界還是會經歷每天變化的能量「氣候」。每天都是前一天的推進，加總起來便形成了能量的循環，帶領我們持續進化。因此，舉例來說，有些日子適合學習，有些日子適合做事；有些日子會情緒飽滿，有些日子會情緒平淡。我們全都需要體驗這些能量光譜，但由於你是在反映這些狀態，因此，你能夠更深入地感受和投入。反映者是月亮型的人，因爲爲了要協助我們，他們有能力分辨月亮循環中變動但可預期的能量週期，而這些能量會持續地照耀著我們。

很重要的是，你要瞭解這種接收所有事物的運作過程並不是由頭腦控制的，這只是你的能量場的運作機制。因此，你無法選擇何時要這麼做，何時不要這麼做。所有這些資訊總是會朝你而來。你可以善加利用它們，有意識地覺察，讓自己熟悉所有資訊在試著告訴你什麼。

反映者是終極變色龍

在能量上如此開放，也意味著你非常容易受到外在的制約。外在的聲音會告訴你說，你需要以某種固定的方式來被愛、來獲得成功、來獲得快樂，而這正是你要來打破的重度迷思。你並不需要「擁有」某種一致的特質才能得到你想要的，其神奇之處就在於，每當你感受到能量吸引時，對任何轉換和改變都保持開放，但不去認同該能量，就只是純粹去體驗它、感受它、見證它，讓它像個老師和餽贈者一樣流過你。

你那徹底開放的設計可以是弱點，也可以是超能力，這全都要看你是否允許自己順從內在靈魂在當天眞實帶領你成爲的模樣，或者你是否讓制約主宰了你要如何存在、感受和思考。

你今天想要成爲這個模樣、明天想要成爲另一個模樣，這實際上是好事。而且在靈魂的層面上，你確實渴望更廣泛、更多樣的存在。並非每個人都有這樣的能力，這是你的絕技，因此那也會是人們最珍視你的部分。你只需要夠勇敢，在別人告訴你說這會成功之前就勇於嘗試。

反映者的角色

你是一面鏡子，向其他人展示他們的真實樣貌

當反映者允許他們的性格改變並隨著周遭的人事物流動，他們就能夠實際成就他們來到這世界上要做的事情，亦即能足夠清晰，以便反映他人的能量。這也就是反映者類型名稱的由來：當我們在清晰的反映者身旁，他會反映出我們眞實的模樣，這對我們雙方都有助益。

你是一張白紙，當人們和你互動時，他們會看見他們對你投射的事物又反射回到他們身上。這是人性的寶貴工具。在人類圖裡，我們說反映者是社群的核心，讓社群中的每個人都能夠自我檢視。有個靈性理論說，你在他人身上看到的，純粹就是你自己的一部分，而那是你在自己身上所沒看到的。這對所有人來說都有部分道理，但當人們在看一個自在且不需有某種固定面向的反映者時，這件事會變得超級清晰且眞實。與其保持固定且受困的狀態，不如讓你的靈魂能夠改變模樣，根據生命所帶給你的事物化身成許多不同的能量狀態，這實際上會有趣得多。

你可以在人生中做任何你想做的事情，只要你能夠讓你的能量保持清澈，不論到哪裡都保持開放，你就會實現自己的人生使命。當你的意向如此，你所投入的任何努力都能夠展翅飛翔。

反映者

你可以感受到每個人的存在是什麼樣的感覺，

而這也讓你成為最有智慧的人。

反映者的能量模式

熟悉你的獨特能量模式

你沒有固定的能量狀態。你的能量會上下起伏，而且也會反映你所處的任何環境。如果你需要大幅提振能量好讓你完成某事物，那麼就讓你身邊充滿具有生產力和動能的人們，或者讓自己置身在感覺最能刺激能量流動的環境裡。然而，你並不能持續這麼做，因爲你的本質不該保持固定狀態。如果你持續處在和其他人一樣的能量運作狀態下，你最終也會燃燒殆盡。

這是因爲你並不是設計來持續高能量運作的。和這世界所認知的恰恰相反，這並不會帶給你成功。如果你持續試著全力以赴，以爲這是你必須呈現的模樣，這樣反而會把你掏空，讓你筋疲力竭。

把你自己想像成插座：如果你輸出過大的電力，你會把保險絲燒斷；但如果你很留意自己當天能夠處理多少的能量，很聰明地運用這些能量來完成實際能讓你朝著目標和夢想邁進的事物，然後就抽離和重置，這就是你的神奇模式。這跟要做最多的事情無關，重點在於去做少數能帶給你最大回報的事情。

反映者如何校準

管理你的環境

宇宙總是會透過你的環境來向你展現屬於你的校準與非校準狀態。如果某個地方讓你感覺良好，那麼你就知道自己是在正確的時間處於正確的地方；如果你的感覺不好，就表示那個地方在當下並不適合你，是該移動的時候了。

在工作方面，你可以從事任何你喜愛的工作角色。如果你身處對你正確的工作裡，你會對自己的工作環境感覺良好。如果在工作中，你對某些環境感覺良好、某些環境感覺不佳，就是跡象在顯示你需要離開你不喜歡的環境或改變這環境了。

對反映者來說，成功是來自奉行離開錯誤的環境，並且多待在讓你感覺良好的環境、群體和情境裡。當你把正確的地點和正確的時間連結在一起，讓兩者相輔相成，便會創造輕鬆、成功且快樂的人生，因爲你所做的都符合宇宙想要帶給你的所有狀態和機會。你並不需要主動去「抓取」機會，你只需要與之校準，機會就會找上你。你可以運用自己的開放性，與讓你感覺良好的人們及地點連結，而這就是你能夠感受校準的方式。

擺脫標籤，無須描述自己

反映者的人生總是充滿驚奇和喜悅。但只要你給自己貼上了固定的標籤，把自己放進一個框架裡，就會阻隔那些驚喜的感受。

身爲反映者，你最重要的工作就是撕掉任何的標籤，拋棄任何定義或描述自己的方式，讓自己開放地接受改變，讓自己充滿彈性和可塑性。那就是反映者最具吸引力的狀態。

帶著充滿可塑性的開放狀態去接觸世界上任何你感興趣的事物，會協助你達到最爲成功的狀態，因爲當你這麼做的時候，你會對周遭的人們與機會產生強大的吸引力。

3

你的策略

你的策略描述了你在人生中實現某事物的最佳方式，不論它是大是小。

外頭有許多的專家會告訴你要如何創造成功，或許你也曾按照他們所說的方式去做，但卻沒什麼幫助，於是你便開始懷疑是不是自己有問題。

事實上，你只是採用了不適合你眞實本質的方式罷了。

這世界都在教導我們必須要盡最大的努力才會讓事情發生。但是當你以適合你的能量來經歷人生時，一切就會水到渠成、順水推舟。這就是校準。

當你不是忠於自己的本質時，你的人生道路就會遭遇額外的阻力。舉例來說，在處理事情時會變得更加困難，有時根本就行不通，即使你已經使盡了全力，而這是因爲你在試著成爲別人的模樣。

你要怎麼知道用適合自己的方式做事就行得通呢？

和所有的事情一樣，這是一種經驗。當你做你該做的部分，以眞實的自己正確運作時，宇宙就會做它該做的，帶給你應有的事物，讓你知道這是正確的。而當你知道這行得通時，當你在人生中看到這帶來的結果時，要遵循自己正確的運作方式也會變得越來越容易。

要記得，宇宙只想要你做自己，因此，它會給你甜頭，鼓勵你這麼做，讓你能夠更輕鬆。

有許多人認爲運用強大的意志能夠使事情實現，在靈性的圈子裡也有保持正確意向的說法。但是，行動也是必要的。它並不是那種要你強力推進的行動，而是要在你人生的畫布上揮灑你的意向。你的策略會告訴你最好且最有效率的作畫方式，好讓你的每個行動都產生最大效益。你會把能量和努力的浪費降到最低，因爲你是正確地瞄準在目標上。

你所要的一切事物都已經朝著你而來，那些事物都圍繞在你的能量場四周，等待著進入。過去曾經顯現的事物，意味著你曾以某種方式讓自身的存在更上一層樓，因此你現在有了更大的能量場，它支撐著更高層級的人生，讓那些事物進入其中。

顯示者的策略：告知

你並不是要來試著讓事情發生。你該做的是起身去做你自己的事情，而且你做的任何事並不需要其他人的許可。

要相信你內在那股衝勁的動能。當別人看見你要做的事情時，你的動能會在他人身上引發連鎖反應。然而，你在做自己的事情時，你不會、也不應該去思考那些事情可能帶來的效應。儘管去做任何你受到召喚去做的事情，你內在有想做或想說的就去做、去說。但要記得，不論你打算做什麼，都會有人想要加入你的行列。爲了能讓正確的人被你吸引而來，你需要做的就是公開地分享你在做、在想、在計畫、在考慮的事情。這就是「告知」：你會啓動一個篩選的機制，確保在不需要你親自出手的情況下，所有正確的元素都會自動到位，所有完美的情境都會浮現，但你必須先把人們的注意力帶到你發起的事情上。從能量上來看，你所做的是「起因」，這會引起每個人的反應，進而產生「結果」。

你需要做的就只是告知

這聽起可能很簡單，但對顯示者來說，要毫不畏縮、理直氣壯地分享是一種挑戰。這世界制約你去相信你不應該那麼做，因此在許多時候，你會有猶豫的傾向或是選擇謹言慎行，抑或你純粹就只是想要靜靜地做自己的事情，因爲這樣你就不會遭受別人的質問、阻止、干預、指責或批評。

被看見對你來說是很可怕的，因爲你認爲被看見就會遭遇上述那些狀況，那對你的靈性來說是極度具有侷限性的。

但還有別的方式

別人會如何接納你的公開分享，實際上取決於你的能量。當顯示者完全接受自身的眞實本質與衝勁動能時（畢竟，說到底，這就是宇宙賦予你的），並且去分享此本質與動能，不期待外在世界的接納，很諷刺的是，人們反而會更容易接受，因爲他們會對你展示的能量有回應，而且正確的人甚至會欣賞那股能量。

然而，當你逃避告知時，人們也會感受到，結果他們就眞的會去打探、干涉和評論，於是你的恐懼成眞，而這又讓你想要繼續躲起來。每次你做出小小的改變，朝著對人們全然開放的方向前進，你都會獲得更好的回應。突然間，那些似乎全然不感興趣的人也會想要知道更多。你會激起陌生人的興趣，會有不知道從哪裡冒出來的人協助支持你，爲你發起的事物帶來更多的動能。

要知道，理直氣壯並不意味著一定要很大聲、或者具有攻擊性、或是要強逼別人接受。對你來說，感覺眞實且誠摯的方式，就是你最佳的分享方式。理直氣壯只是意味著你內心對那件事感到全然的開心，你的分享並不是要獲得別人的許可。當你打從內心去分享，不覺得一定要獲得某種回應，這時你是自由的。當你是自由的狀態，你的行動就會創造漣漪效應，帶給他人最好的影響。人們會想要追隨自由、強大、毫不畏首畏尾的人，而這就是你的眞實模樣。

生產者和顯示生產者的策略：回應

宇宙總是在傳送各種線索和跡象給你，告訴你下一個正確的事物是什麼，這根據的是，那些事物是否讓你感到興奮、讓你眼睛爲之一亮。「回應」是關於只做那些你在人生道路上遭遇到並且實際讓你感覺躍躍欲試的事情。當適合你的事物出現時，你的腹部深處會立即對那件事有所回應，你會感覺身體受到那件事的吸引。

把人生想像成一場盛大的百匯饗宴，當中充滿了你可能感興趣的想法、建議和選項。回應就是注意到你所見到和遇到的所有事物，注意到哪些事讓你感覺「我喜歡」、「我想要」或者「我希望我可以擁有」。如果你確實喜歡和想要，那麼就對那事物說「好」、去做那件事、爲自己創造那事物、讓你的人生充滿這事物，因爲那件事就是宇宙想要你接下來去做的。那些有可能是直接的事物，像是你所接收到的機會和邀請；也有可能是間接的，像是你在周遭看見的事物、你看見別人在做的事情、你在社群媒體上看到的東西、或者電視戲劇裡的角色。這些全都是刻意要引導你去實現自己的人生使命。

答案就在你身邊

你並不需要去「找出你想要什麼」。外在世界會刺激你去問自己，你是否對眼前的事物感興趣。

因此，別施壓自己要憑空「知道你想要什麼」；你必須要有外在的刺激來讓你做回應。你不需要去強迫「讓事情發生」，你只需要完全地把你的能量投入事物裡，但前提是你的腹部深處必須要給你放行的訊號。如果你沒有獲得腹部深處那種「當然要！」的回應，那可能就是身體在跟你說「不」。

當你保持開放時，宇宙就會把適合你的事物帶到你的面前。

你的決定是非常明確的

很重要的是你要知道，腹部深處的回應是非黑即白的。回應並沒有灰色地帶。因此，對你而言，要麼你會對一件事感到興奮，不然就是沒興趣。除非你感受到全身在告訴你「是的」，否則答案就是「不要」。你不會有「或許吧」這樣的答案。

因爲腹部深處的回應是非黑即白的，所以它也不會處理開放式的問題。因此如果你問自己：「什麼會讓我感到興奮？」沒得到身體給你答案也別覺得意外。但如果你問自己：「預測事物會讓我感到興奮嗎？」「活動計畫會讓我感到興奮嗎？」「組織事情會讓我感到興奮嗎？」那麼你肯定會知道答案的。

你可以運用「這個或那個」以及「是或否」的問題來引導你回應任何事物。因此，別問自己今天晚上想叫什麼外送餐點，要問自己想吃壽司還是墨西哥料理。當你越能確保生命中的所有事物都是出自身體的回應，你也就越校準。宇宙會讓你對它要你做的事情有正面的回應。不論你是對讓你感到興奮的外送餐點說「好」，或是對讓你感到興奮的工作說「好」，對宇宙來說都沒有差別。投入讓你感到興奮的事情總是會帶來更多讓你興奮的事情。

對你感興趣的事物作出回應

你越是能擺脫那些你沒興趣的東西，你就會有更多的空間去注意到可能讓你感興趣的新事物。這就像是給自己一副新眼鏡，好讓你看得更清楚。

檢視你的生活，針對生活中的每件事詢問自己那是否引起你的興趣。如果你沒興趣，也沒關係。開始對自己誠實，這會讓你更貼近自己眞實的感受，如此一來，宇宙也會清楚你的感受，讓它可以進來指引你、給你力量，並且把新的機會和線索放到你的道路上。

接著，你也要開始看看周遭世界發生的事情，並且持續問你的腹部深處：「如果我有這東西，會讓我感到興奮嗎？」然後去追逐那些你想要的東西，投入能量去把那些東西帶到你的生活中。如果你得到「當然要」的回應，你絕對可以准許把自己整個生命能量導入其中。務必信任這種渴望的感受，要相信那是好事，因爲那是在指引你朝著你應當擁有的人生前進。

投射者的策略：被邀請

你生來是要引導人們朝向好的或更好的做事和存在方式，這些是只有你能看見的特定方式。但是，首先你必須確定你要分享指引的人是眞的想要傾聽或接受你的引導。你大概曾經單方面給過建議，並且發現這麼做並沒有爲雙方帶來什麼好事——或許人們並不理會你，或者說你多管閒事，或是結果讓你覺得自己不被感激、不被聆聽或不被重視。你很疑惑爲什麼別人就是「搞不懂」。你大概也有意識到自己能夠以某種方式得知或看見事物，而且可以藉此協助他人，因此，你自然而然就會想要去分享這些事情。但是並非每個人都會想聽或者準備好要聽，而且叫他們聽進去也不是你的責任。如果你現在在這裡，會有很多人想要因爲你的指引而受益。把你的指引保留給那些人和那些地方，因爲在那裡，你的指引才會收穫最大的助益，並且你也會對自己的引導更有信心，這會讓你之後做引導時更輕鬆自在。

爲了讓他人來邀請你，你必須閃耀自己的光芒，好讓那些需要你的人能夠看見並來詢問你。要很清楚什麼是你能看到但別人沒看到的，你對某個現有的事物有什麼樣特殊的觀點，或者你瞭解什麼別人不懂的獨特主題。你能爲人生帶來什麼樣特別的附加價值，然後緊緊地擁抱這項天賦，這會讓你的能量場閃耀光芒，因爲你的能量場能夠宣傳你的才能。

受到邀請可以很公開，像是詢問或者請求你的服務。但邀請也可能是在不知不覺中進行的，像是有人問了一個問題，而在那問題的背後，你可以感受到對方是感興趣的，只是他們可能太害羞，不敢直接詢問你。不論是哪種情況，邀請都是來自於一個人看見了你能夠提供的事物，而且眞心地想要接受指引。

你所接收到的邀請數量，與下列的因素有直接關聯：

1. 你對於自己能夠帶來的貢獻有多少認同感

除非你散發出對自身天賦很有自信的感覺，否則別人是不會知道你「知道一些事」的。比方說你是個藝術家，你想要有人來買你的作品。首先你需要產出作品，讓別人能欣賞和購買；或者要有個範本，讓別人知道你的創作是什麼模樣。這對剛開始創業的人來說也是一樣的。比如你想成爲身心健康的專家，那麼你就要開始在Instagram上面分享你的獨特觀點，藉此引起人們的興趣。如果這對你是正確的職業，而且你能夠帶來新的貢獻，人們就會開始詢問你相關問題或是請求建議。這就是一種邀請。

2. 你能觸及多少需要你的天賦的人

對於你能提供的指引，你需要有個清楚的形式呈現給他人。爲你能提供的建議設立一個架構，它可能是服務清單、一對一諮詢、課程或創作等等。或者如果你是要應徵一份工作，你的履歷務必要呈現出你實際想要帶給這份工作的貢獻，而不是只寫出你認爲可以幫助你得到那份工作的內容。

當你有著暢通的管道能夠讓別人接觸到你的天賦和技能，讓別人很清楚知道他們可以從你身上獲得什麼指引，那麼他們就很有可能來尋求你的協助。

反映者的策略：被提攜

因爲你是自發且開放的，因此，你實現夢想的方式和其他人非常不同。許多時候，生命實際上是直接帶著你，而不是像它對待其他人是用指引的方式。如果你不加以阻撓的話，生命會直接帶著你達到你的夢想。也就是說，你必須放掉那些你認爲自己必須做或應該做的事情，並且看見宇宙在持續帶你前往哪個方向。

當宇宙持續推著你去做某件事，你就知道那是正確的事情。回到月亮循環——你要確定一件事給每個階段的「你」感覺都是正確的，因此你要先經歷月亮循環才實際去投入那件事（如果是重大的事情就更是如此）。如果有件事情是宇宙要你去做的，這件事就會持續出現，就好像它不會輕易放過你的感覺，而且感覺會是從外在而來的。當這情況發生時，你可以把你全部的能量都投入宇宙要你做的事情上。

但你也要抗拒一有推動的感覺就想要對任何事情採取行動的衝動。除非你花一段時間去感受，否則你沒辦法知道那件事情對你是否正確。而且你甚至不知道那是不是來自你自身的推動力，因爲你非常的開放，因此你有可能是接收到了周圍其他人可能或應該要做的事情。但當事情持續出現時，你就會知道自己可以信任那份感覺。經過一段時間後，你會發現那股推動力會帶給你越來越完整的觀點，好讓你能在內心看得更清楚，因此也能讓實現這件事情變得更加容易。

等待是好事

這世界會施壓你要立即採取行動，但如果你匆促行事，你也就和神聖的時機點脫鉤了。想像一下，如果你在今天就寄出電子郵件給某人，有可能今天並不是他們收到這封信件的完美時機，但是當你給自己的衝動一些緩衝時間，兩週後再寄出郵件，那麼就能有完美的回應。或者你現在就急忙去設立一間公司，但過了一段時間，那股推動力經過發展後，你才想到了更好的公司架構方式。這就是等待的力量。

當生命不斷把某個東西擺到你的面前，使得你對那件事能有十足的肯定，這時你的能量就是校準的，因爲這並不是你認爲自己「應該」做的事情。而當我們在校準的情況下採取行動，一切都會水到渠成，不需要你費太大的心力。這就是你被提攜的意思。

要是你沒有等待的話

如果你曾經在創造某樣東西或投入某件事時過早採取行動，那感覺就像你會經歷不必要的延宕和節外生枝的情況。

然而，如果你等到你確實感受到被強力推動著要去做這件事，然後才去採取行動，一切就會更輕易地到位，一切就會自然而然地「發生」。

這就是你被設計來運作的方式。生命總是會爲你指引道路，只要你能保持開放，並且做任何它推著你去做的事情。

4

你的標誌和非我主題

在你的系統裡，有個機制總是會讓你知道自己是不是校準的狀態。每個能量類型都有個明確的指標，讓他們知道自己是在做符合他們最眞實、最佳表達的行爲，也會有指標告訴他們說，他們在做的並不符合他們的本質。這些就稱作「標誌」與「非我」。

當你正確使用自身能量時，你會感受到自己的標誌浮現，這是你正走在正確軌道上的明確指標。因此，你並不需要用猜的就能知道自己是不是在校準的狀態——會有指標讓你確認這件事。同樣地，當你在做不符合你本質的事情時，宇宙也會傳送訊號給你。

非我基本上就是當你的存在和思考並不符合自身最佳自我時會有的感覺。非我也就是沒有做自己。生命會給你這樣的感覺，協助你察覺到自己正偏離正軌，好讓你能夠以正確的方式運用自身的能量來迅速導正。

因此，不論你處於人生中的什麼位置，不論是在日常或重大情境中，你都能分辨自己是否處於正確的軌道上，根據的就是當下的指標——你的標誌或非我。

我們的整個人生會是我們的標誌和非我的綜合體，因爲不論你在人生旅程中達到了多高的層級，生命總是會罩著你，讓你知道什麼對你是正確的、什麼不是正確的。生命總是能帶領你提升到更高的層級。你總是能夠轉變你的非我的某些面向。

這並非意味著你總是只會感受到其中一種狀態。這些狀態並不是純粹的有或沒有而已，你會徘徊在兩者之間，但當你越校準，你呈現標誌的情況就會越多，呈現非我的狀態則會越少。通常你在人生中的不同領域裡會感受到不同的狀態。

當你感受到非我狀態時，試著不要去譴責自己，因爲這麼做會讓你無法在非我狀態出現時去注意到那狀態並承認它的存在。非我想要被看見，因爲那是宇宙試著在傳送訊息給你，讓你看到下一個要投入的完美事物。非我並不是你；那只是來指引你的一種感覺。

諷刺的是，當你越校準，每當你的非我出現時，你不舒服的感受也會越強烈，因爲非我已經不再是你的常態。當偏離正軌會讓你很不舒服時，要恭喜自己這情況讓你這麼不舒服，因爲這意味著你能夠深刻地感受到這在當下對你有多麼不正確。你對於那狀態的不合適是全然覺醒的，不像沒有覺醒的人無法分辨自己的標誌與非我。

顯示者的標誌：平靜

當你在做你眞正想做的事情、當你完全信任和依賴你的眞我時，你會感受到平靜。沒有人來煩你，沒有人強迫你成爲任何你不想成爲的模樣，或者強迫你做任何你不想做的事，沒有人期望你融入某事物。但最重要的是，你也沒有給自己施加任何壓力或期望，純粹就是認知到，你需要繼續做的就只是你內在神聖、自發的衝勁動能推動你去做的事。

儘管顯示者是要來創造動能的，但他們並不想要當高高在上的統治者，他們並不想要無所不在地管理所有人，他們並不想要對一百萬個人負責。他們想要的是不被打擾，並且擁有自由去做任何他們接下來想做的事情。

當你不再追尋需要做什麼才能獲得自己夢想的人生，而是信任自己內在的衝勁來引導你，你就會感受到那股內在的平靜，以及呼吸和玩耍的空間，這都是你非常渴望的。你可以隨心所欲地發起，完全沒有侷限，然後在能量爆發之間的空檔把這一切都放掉，回歸到完全空無的狀態。人生就像是你的空白畫布，充滿各種可能性，而且可以不斷重置。

顯示者的非我：憤怒

當我們覺得遭受他人錯誤的對待時，我們就會感到憤怒。顯示者的挑戰是在於掌握自己的力量，而相對的情況則是由別人來掌握或控制他們。你可能被制約認爲掌握自己的力量是不好的、是不被接受的、是危險的或是會令你害怕的，因此，你會無意識地尋求讓別人來取得掌控地位，或者成爲你生命中受崇敬的人物。顯示者也很容易會認爲他們的處境是別人造成的，因爲這樣的話，你就可以怪罪他們，你有了對象可以讓你發脾氣。只要你沒有全然地允許自己去用你的方式做你想做的事情，而且不去向他人尋求許可，那麼你就會一直處在對某人事物感到憤怒或抓狂的狀態。

當你感覺憤怒時，這就是你的線索，它在告訴你說要成爲自己的主人，去做你的靈魂在當下眞正渴望做的事情，去做對你最重要的事情。你可能會害怕這麼做，因爲你會害怕犯錯，那就意味著你會對自己感到憤怒。但是要知道的是，如果你確實活出你的設計，你就一定會獲得正確的指引，知道你要做什麼。如果你確實偶爾會做出並非你的靈魂想要的選擇，那也是你學習回歸自身正確運作的過程。這是你需要練習的地方，知道雖然自己做了「不好的」選擇，並不代表你就是個「不好的」人。

接納自己，在需要時給自己撐腰，最後就能把憤怒轉化爲平靜。憤怒並不意味著狂暴和咆哮，那是一種內在對於事情不對勁或不公平的感覺。

憤怒可能會感覺像是：

- 「爲什麼別人都能做那件事，我卻不行？」
- 「別人要遵守的規則都和我不一樣。」
- 抓住緊張的感受。
- 你受到他人意向的擺佈。
- 你對自己的人生沒有控制權。
- 你一直在卑躬屈膝，感覺就快斷裂了。
- 你因爲人們對你所做的事情而感到生氣或不爽。
- 事情在表面底下醞釀，或許你感覺到了，或許你試著要把它壓下來或忽視它，因爲不能展現體貼和討人喜歡就是「不好的」。
- 被困住了。
- 你看不清楚（或許別人可以），或者你開始懷疑自己的能力和眼光。
- 經常質疑自己（「我是不是沒看到什麼？」）。

那種憤怒的感覺來自對自己深刻的質疑，認爲是自己有問題，導致你沒法去到自己想要去的地方。你根本上是沒有問題的。你和每個人一樣都注定能夠成就偉大和快樂。你只是需要允許自己用你的方式去做事，並且深知這就是宇宙想要你擁有的做事方式。

當你感到開心，相信自己總是能夠去做你的靈魂召喚你去做的事情，而且完全不在乎外在的因素，那麼你就總是能夠回歸到平靜的狀態。這就是你所屬的地方。

生產者和顯示生產者的標誌：滿足感

滿足是生命爲你點燃的感受。當你面對你喜歡的事情時就會有這種感覺，你也能夠藉此得知自己是校準的。可以把滿足感說成是一種愉悅的感受，那可以是你眞正喜愛的任何事物，像是早晨完美的咖啡、職場生活的繁忙、和情人相依偎、讓你活力滿滿的網球賽、讓你精神百倍的超忙日子等等。當你把這些讓你感覺滿足的時刻串連在一起，你會在一天結束時，不由自主地發出滿意的讚嘆。滿足感來自允許自己享受你的人生，而不是只渾渾噩噩地過日子。滿足感來自你把人生塡滿了喜愛的事物，並且完完全全地把這些事物所帶給你的愉悅感一飲而盡。

生產者和顯示生產者的非我：挫敗感

如果你活出了你的設計，對那些讓你興奮的事物說「好」，對那些你不感興趣的事情說「不」，你就會在人生中創造持續的興奮感受，並且把人們和機會吸引到你身邊。而相對的能量展現則是呈現停滯的狀態，這會造成受困的感覺，即使努力嘗試也沒辦法推進事物。這就是挫敗感的眞正定義：嘗試某事物或尋求某事物，但就是無法實現或達成。

挫敗感可能呈現出的是挫折、惱怒、受困的感覺、缺乏靈感、庸庸碌碌或無能爲力。這就是跡象在告訴你說，你有能力改變你的情況，而你要做的是去改變對該情境的想法或行爲。

挫敗感會如何呈現在你的想法中：

- 沒有什麼事情發生。
- 這沒有照著我想要的方式發展。
- 我好無聊。
- 我已經厭倦了這件事。
- 我被迫要做這件事，但我不想做。
- 我有很多職責義務，它們開始成爲我的重擔。我想要擺脫它們。
- 我覺得自己的生命被榨乾了。
- 我被各種力量朝著不同的方向拉扯。
- 感覺別人都在做他們喜愛的事情，但我卻沒遇到這類事情；我似乎無法這麼做。
- 我應該要能夠創造快樂，但我就是沒辦法。
- 我沒有能量去做我夢想的事情。

• 這一切究竟有什麼意義？
• 爲什麼感覺要費盡千辛萬苦才能讓事情動起來？
• 我好累。

要記得，這並不是你的眞我；這是你的非我。也就是說，生命在告訴你，是活出你的設計的時候了，這樣才能讓你回到你的標誌裡。你是生來要讓生命激起你的興致的，這就是你的本質，而只要你看到非我狀態出現，你可以藉由投入你眞正想要的人生來扭轉這情況。運用挫敗感作爲線索來改變一些事情，讓你重新回到能夠給你帶來最大滿足感的結果裡。

投射者的標誌：成功

由於你的人生使命是要用你的獨特天賦來改善我們生活的方式，因此當你這麼做的時候，你不可能不爲外在世界帶來成功。因爲當你爲這世界貢獻越多的價值，宇宙也就越有可能把你放在一個能夠持續引導並帶來更大服務的位置。

投射者經常著迷於成功，並且想要取得成功，但這是你的靈魂在告訴你說，你知道那是你需要前往的地方。千萬別去批判你對成功的渴望。當然，還是可能有負面的角度來看這情況，比如認爲這會讓我們高人一等、認爲不可能大家都成功、認爲你必須從別人手中搶奪成功的機會。但也有正面的角度能夠來看這情況，比如想要獲得成功是因爲對你來說那很有趣，比起任何事物都更能讓你覺得自己活出了最豐盛的人生。當你聚焦在向他人提供眞正的價值時，成功自然而然會到來。

投射者的非我：苦澀

由於投射者是設計來改善事物的，因此，他們很容易看到所有需要改善的地方。如果純粹只是看到這世界所有出問題的地方，但沒有把這能力轉化爲智慧和學習，就可能造成苦澀的感覺。

苦澀所呈現出來的可能是對他人感到惱怒或批判他人、花太多時間聚焦在出問題的事情上、心懷憤恨不平的情緒，這些可能是針對某些人、針對人生或是針對整個世界。

注意到負面的事物是好事，可以促使你找出改善的方式。但當你花太多時間聚焦在那些事情上，也會讓你的能量枯竭、讓你無法享受人生、無法獲得成功。如果你擷取它爲你帶來的訊息，然後繼續前進，你就可以利用它把自己導回成功的道路上。

苦澀在你的想法中可能聽起來像是這樣：

- 對別人的成功很吃味。
- 去他們的，我不需要他們，反正我也不喜歡他們。
- 他們應該要這樣做才對。
- 他們「就是搞不懂」，他們很笨。
- 「去你的」思維。

- 反覆思索別人的缺點。
- 思考關於自己或他人「應該」要做什麼才對。

所有這類的想法都是你受制約的想法，那並不是眞正的你。當你沉溺在這些想法當中，它們眞的會讓你偏離正軌，因爲那是以錯誤的方式在利用你的洞察天賦——用這天賦來塡補自己的缺乏安全感，而不是透過中性的角度，運用你的洞察力來做服務和付出。當你透過自身設計的方式爲這世界帶來改善，你就是活出了自己的人生使命。當你太過聚焦在其他東西上，苦澀感就會冒出來，那些東西可能包括：

- 生命中所有讓你感到不悅的事物。
- 所有感覺不對勁的事物。
- 所有你無法改變或控制的事物，所有你不該去涉入的事物。
- 你以爲自己不能改變但實際上能夠改變的事物。

反映者的標誌：驚喜

反映者最渴望的是生命能帶給他們喜悅，帶給他們一切的驚奇。這就是驚喜的感覺。反映者不想要覺得人生是可預期的、是單調乏味的；他們想要人生感覺像是：「我很好奇今天生命會帶給我什麼？」因此當你活出了你的設計，你便會深刻崇敬地感受到生命有多麼的美好。

要達到這狀態，你需要允許自己保持流動和開放。舉例來說，前一天是超級認眞地投入工作，隔天變成較爲放鬆的態度。你不需要去評判哪個方式比較好，而是允許自己去體驗每種狀態的樂趣。你可以踩跑步機，直到覺得不有趣了，然後換成去做瑜伽，這其中不需要有任何邏輯、故事或理由。純粹沉浸在其中，隨之自然地轉換。

當然，生命中會有某些事情是你比較喜歡的，還有些事情則是你完全不會感興趣的，但很重要的是，你需要隨時保持著自由和彈性。你需要記得，生命充滿各種選項來帶給你歡樂，只要你張開眼睛看見所有這些選項，你就能經常生活在驚奇之中。你越不去把自己鎖定在一種身分認同當中，你的人生就越能好好地流動。對你來說，感受到不可思議且無限精采的生命樣貌，就是最棒的感覺了。

你喜愛生命帶給你的驚喜，而當你感到驚喜時，你也就知道自己是走在正確的軌道上。

反映者的非我：失望

當你沒有活出自己的設計，人生中就不再有驚喜的成分，剩下的就只有單調和無趣。想像一下，你原本應該要能夠體驗彩虹的完整顏色光譜，但你在非我裡看到的卻只有灰色，於是你的人生開始感覺乏味。

在你的想法中，失望的感覺可能像是這樣：

- 感覺憂鬱。
- 感覺受困或受限制。
- 感覺人生應該遠不止如此才對。
- 對他人的狀態感到失望。
- 對整體人類感到失望。
- 感覺輕微的抑鬱。
- 感覺別人的人生比你的好多了。
- 感覺你沒有活出豐盛的人生。

失望呈現出來的也可能是一種強迫性的需求，想要竭盡所能在生活中塞入各種活動、常規或經歷體驗。

想要活出最豐盛的人生是很棒的，但當這是受到匱乏和控制所驅使時，你是會感受到差異的。失望總是能夠作為線索，讓你可以突破你把自己困住的框架（不論那是一種例行慣例、一種對自己的觀點、一種習性、一種成癮），並且變得更為流動，去探索那些你還沒去探索的不同夢想。舉例來說，如果你的衣櫃裡全都是中性的衣服，但有一天你突然想要穿嬰兒藍，那就跟進那股動能。突破你給自己設下的限制與框架，特別是打破那些與造成失望感的情境連結的限制和框架，你就會開始感覺人生又充滿了色彩。

5

你的權威

你的權威是負責爲你做人生決定的部分。傾聽你的權威總是會讓你知道什麼才是校準的正確決定。想像一下，如果你從來都不需要對做正確的決定感到有壓力，因爲你總是能夠依賴一個內建的機制來告訴你該做什麼決定——權威就是這麼簡單明瞭的機制。

我們現在經常花很多時間在苦惱接下來應該做什麼，爲了要做的事情和要做的選擇而感到左右爲難。這是因爲我們被教導要透過我們的頭腦來做決定，因而我們試著要展現「聰明」，在列出所有選項的結果之後才去做選擇。這導致我們試圖去預測結果，然而，沒有任何人是能預知事情發展的。這件隨而來的是控制、無助、堅絕不放手和恐懼的感覺。我們不可能知道接下來會發生什麼，我們能做的就是針對當下呈現在我們面前的事物做出校準的決定，如此一來，我們在這場稱作「人生」的遊戲當中就會自動在明天提升到更高的層次。選擇自己眞實本質會採取的事物和行動，就是最終極的「控制」，因爲那總是能確保你獲得最佳的結果，而且你並不需要事先知道結果是什麼。因此，你會有空間讓那實際的結果比你的頭腦能夠預期到的還要更好。

你的權威是你的獨特直覺聲音，它活在你的身體內，透過你的身體來發聲，而不是透過你的頭腦。每個人會有不同的身體部位來負責他們做決定的過程，讓他們的頭腦能夠自由去聚焦在外在的世界，以及發展他們的聰明才智。瞭解你的權威能夠協助消除你人生中那些迷惘或困惑的感受，確保你走在自己神奇的道路上（那是活出夢想人生的捷徑），這一切都是在瞬間發生的。

- 當你的權威是情緒時，你的直覺會透過你對某事物的感受來向你傳遞訊息。

- 當你的權威是薦骨時，你的直覺會透過你腹部深處的回應來向你傳遞訊息。
- 當你的權威是脾中心時，你的直覺會透過你的本能或第六感來向你傳遞訊息。
- 當你擁有心臟權威，你的直覺會透過你的渴望來向你傳遞訊息。
- 當你擁有自我定位權威，你的直覺會在你書寫下來或和人討論時浮現。
- 當你擁有頭腦權威，你的直覺會給你這種感覺：「那對我來說是有道理的。」
- 當你擁有月亮權威，你不需要在內在擁有正確的解答。如果你放輕鬆等待完美的時機，生命自然會向你展現正確的選擇。

即使當你聽到你的權威時並沒有準備好要採取行動，但純粹去傾聽並且認知到那訊息，就能確保你的權威會繼續跟你說話，並且會越來越大聲。

此外，你並不需要立刻去相信你的權威所給的訊息。你可以先在小事上做測試，累積實證，看看你的權威是如何在你的真實人生中支持你的。在這麼做了之後，你才會真正無條件地信任你的權威。

情緒型權威（Emotional Authority）：你的感受如何

當你的權威是情緒型權威時，意味著你的情緒就是你的能量場與人生的執行長。這表示對你正確的選擇，一定都是那些當你想到時會讓你感到開心或滿足的選項。

你對某事物、對任何選擇的情緒感受並非隨機的，它們都是宇宙在告訴你，在你人生任何情境中的正確投入方式，並且你總是可以依靠你的情緒來向你展示什麼才是最校準的選項。

由於你是情緒人，因此你必須給你的身體時間來完整感受情境或機會，才能獲得答案。比方說，某天你覺得自己彷彿站在世界的頂端，這個感受會蓋過所有的事物，並且透過粉色的柔光鏡來看所有你接觸到的事物，一切看起來都會充滿吸引力。在情緒低迷的日子裡也是一樣的，那同樣會扭曲了你的決定。爲了要能眞正看見你對某事物的感受，你需要等待你的情緒柔光鏡度過，然後從中性的角度來評估該機會。

探索這樣的生活方式是相當不同的，因爲這意味著你不該施壓自己要立刻得到答案。這和我們被教導的做決定方式相去甚遠。我們都被教導在收到電子郵件時要立刻回覆、如果你總是能有完美的應對會是很棒的、你需要當場告訴人們你是否要加入。如果你試著那麼做，你也就阻斷了自己獲得更多的知識和智慧的機會。只有當你給自己多一些時間，你的身體才能收集到這些知識和智慧。

中性的位置是爲了要做出決定以及獲得清晰。情緒高點和低點是創意、靈感、想法、人類體驗的孕育之地。你終其一生都生活在所謂的情緒波之中。想像宇宙是個電台音樂節目主持人，而你是廣播電台，你的工作並不是挑選歌曲，你是來感受和傳送歌曲的。在任何時刻，擺脫外在傳到你耳裡對於歌曲的任何批評，是你能給予自己最大的禮物，你甚至無法想像那能爲你創造什麼。你只需要跳入流動之中。

傾聽你的情緒

如果某事物對你是好的，不論這事物是大是小，每當你想到它，都會在你身體內激起一種愉快親切的感受。如果那事物讓你感覺低迷、平淡、悲傷或憂鬱，甚至讓你感覺毫無道理，那麼它對你來說就不是校準的。當你剛開始傾聽自己的情緒時，別施壓自己要立刻就你的情緒採取行動。純粹認知到它們的存在，就已經是長足的進步，能讓你朝著與宇宙重新連結和強化溝通管道邁進。當你這麼做時，它傳送給你的訊息會越來越清晰和大聲，而且你也會發現要跟進那聲音變得更容易了。當你給予情緒做決定的權力，它便會消除許多蒙蔽我們覺知的困惑元素，而那些元素就是我們很難信任自己的原因。

時間會向你顯示你對事物的真實感受

比方說有讓你超級興奮的東西出現了，你可能在當下就想要說「好」，就想要馬上跳進去，但你可能會想起曾經在超級好心情的情況下對一件事情說「好」，結果隔天醒來卻後悔做了那個決定。

在好心情或壞心情的情況下都會影響你的清晰感，因此你需要等待，直到你處於中性的情緒狀態。當你處於中性狀態，再回來看那個決定，看看它給你什麼樣的感覺。如果在那個狀態下它仍讓你微笑，那麼它肯定就是個好決定。

慢慢來比較快

我們都被教導說快速的決定和行動會讓我們更快實現夢想，但那實際上是對你有害的。若能避免過早的跳進承諾裡，你便會讓自己免於繞許多遠路，節省自己許多時間。對你來說，慢慢來肯定是會比較快的。所以，要允許爲自己爭取更多時間來獲得清晰，而你越是這麼做，你就越會看到一件事，那就是：和你所想的不一樣，人們實際上是不會太介意你這麼做的。

你可以嘗試這些說法，來爲你的情緒爭取一些時間以獲得清晰：

- 「這件事我晚點再回覆你。」
- 「讓我考慮一下。」
- 「給我二十四小時。」（在八成的情況下，這時間已經足夠讓你獲得清晰；但對於更重大、更複雜的決定，可能會需要更久一點的時間。要相信，清晰感浮現的時間點都是由神聖力量來決定的。）

信任你的感受

要得知你的情緒感受，在一開始會很有挑戰性，因爲我們都被教導說情緒是不可靠的，透過頭腦來掌控才是比較好的。但頭腦只知道邏輯，只知道「合理」的事物，只知道它已經經歷過的事情，因此頭腦無法評估新的、更好的東西。但透過情緒，你甚至不需要知道那一切要如何發生，你只需要相信你總是有情緒的訊號能夠依靠。

你信任這項機制的方式不需要是盲目的信念。你並不需要就這項機制進行冥想，而是要透過嘗試這種新的做事方式，並且建構起足夠的證據顯示這是行得通的，經過一段時間後，它最終會成爲你新的自動運作模式。

薦骨型權威（Sacral Authority）：腹部深處的直覺

腹部深處的回應是關於渴望——它知道它想要什麼、不想要什麼。它並不是根據邏輯且是無法解釋的。

當生命把它想要你做的事情傳送到你面前時，你會感受到全身有股興奮感湧上來。這就是你的提示，要你對那件事說「好」，要你去追求那件事。這些發自內心深處的身體推動力，就是宇宙在告訴你，那些事物就是正確的決定。

腹部深處的回應是非黑即白的，它並不知道「或許」這回事。你要麼感覺「沒錯，我想要它」，那對你而言就是正確的，否則你就不該去做那件事。你對後者可能會有強烈的抗拒或者純粹反應冷淡。

如果你在第一次接觸到一個東西就讓你興奮異常，你就知道那是你應該去投入的事情。你眞的會在頭腦意識到這件事情之前，就先感受到身體對那事物的反應。你可能會感覺身體熱起來，或者可能精神爲之一振，不自覺地發出表達興趣或興奮的聲音，或者純粹是感受到想要那東西。

信任你的渴望

社會告訴我們，渴望、慾望都是不好的。我們都被告知最好去追求合乎邏輯的事物，而不是純粹出於我們想要而去追求事物。但對你來說，渴望是你的神聖指標，它絕對不會帶你走上錯誤的道路。學著信任你的身體被某事物吸引或者對某事物抗拒，這會消除許多的迷惑，並且清晰明瞭地照亮你前方的道路。

你需要清楚明確的選項

由於腹部深處的回應在說的是「要或不要」，是非黑即白的，因此要你的腹部深處回應去回答開放性的問題會很具挑戰性。這類問題可能像是：「我的人生目的是什麼？」或是：「我要去哪裡吃晚餐？」你的腹部深處回應需要有明確的選項，它才能做出反應。只要清楚明確就會簡單許多。因此當你要做決定時，試著詢問更明確的問題，像是：「從事健身事業聽起來如何？好或不好？」或是：「我今晚想吃壽司還是泰式料理？」你會很意外地發現自己會立即對某事物感到興奮，或者是沒有感覺。

如果有人問你一個開放式的問題，你也可以在腦中列出選項，詢問自己「好或不好」的問題，或者請身旁的人用不同的方式問那個問題，以確保你們之間的溝通更加順暢。

無法分辨腹部深處的回應時該怎麼辦？

如果你曾經有猶豫或困惑的感覺，有可能是因爲：

1. 你的腹部深處確實有發出回應的聲音，但因爲某種原因，你對於那個回應感到不自在。這就是你的回應和你的制約直接牴觸的情況，兩者是互相衝突的。在這種情況下，你未必一定要遵循你腹部深處的回應，至少在一開始時不需要，只要承認有接收到回應即可。當你至少注意到回應在說什麼，透過事後的回顧，你會看到回應是對的，這會讓你之後要遵循自己的回應變得較爲容易。你會累積一定數量的證據顯示出，你的腹部深處回應才是對的，頭腦的反對聲音則是錯的。這感覺就像是你一點一點地提高了回應的音量，降低了制約和恐懼的音量，最終，遵循你腹部深處的回應就會變成你新的預設模式。
2. 你透過頭腦來思考，蓋過了腹部深處的回應。有時候你感受不到你身體的渴望，這是因爲我們都被強力灌輸了邏輯的運作，使得邏輯成爲了我們會聽到的最大聲音。我們都被教導說，頭腦應該負責我們人生中所有的決定，但頭腦只能思索它已經知道的事物，而身體則會帶領你接觸你甚至無法想像的可能性，並且那是會更讓人滿足、更校準的。要相信，你要創造喜悅的人生，唯一的方式就是遵循你一路上的喜悅感受。

要做出正確的決定，你並不需要知道為什麼你會受到某些事物的吸引，而不會受到其他事物的吸引；你只需要實驗更常去遵循那股吸引力，即使你並不知道這麼做如何讓你更接近你夢想的人生。

你越常做這項練習，就越會看見它在你人生中帶來的實質結果。一段時間後，要遵循你腹部深處的回應也會變得越來越容易。

脾權威（Splenic Authority）：本能直覺

你的直覺會以敏銳的本能顯現。本能是你內在自發冒出來的聲音，是告訴你該做什麼的訊息和指引。你會有這種第六感是因為你的脾中心是你設計中最強大的部分，而那也是身體內掌管本能的部分。

和頭腦的聲音不同的是，你的脾中心並不理性，你無法把它合理化。它是直覺最眞實的呈現。那是一種猛然一擊、一種一針見血。那是完整的訊息直接落在你手中，完全避開了你的頭腦，比你的頭腦意識運作還要快速。這是你的靈魂在告訴你關於當下正確的事物。

這世界都在教導我們根據可預期的事物來做決定、要先得知所有的事實、需要邏輯和理性，而且要能夠說明和解釋我們的決定。但本能是不能解釋的。它只是在告訴你當下需要告訴你的事情，然後它就離開了。如果你感受到某件你無法合理解釋的事情，那肯定就是你的脾中心的聲音。

但如果你被教導只能信任你能理解的事物，那麼你會忽視本能的聲音，如此一來，你的脾中心就會變得越來越安靜，越來越難聽見。

留意你的本能

你的脾中心會在當下給你指引，而且只會給一次，然後就沒了。每當你有這些隨機的直覺聲音出現在你的頭腦中，要把它們記下來，可以記在腦中、記在紙上、或者記在你的手機裡。即使那聲音很小，也要認知到那聲音的存在，透過這方式來鍛鍊它，好讓它越來越大聲。隨著你累積大量直覺的證據，並在事後回顧，你會開始看見爲何它們對你是正確的，以及它們是如何的正確，這會讓你更容易開始相信自己的直覺，並且遵循直覺告訴你要做的事情。

相對地，頭腦會繼續一再拋出相同的想法和恐懼，因此它在很多方面會「壓過」脾中心——除非你眞的很清楚地聽見直覺本能在說什麼，並且在做決定時緊抓著你的本能。當你花較少的時間和注意力在你的頭腦聲音上，並且花更多時間和注意力在你的直覺聲音上，你才會展現完整的直覺力量。在適當的強化下，脾中心能夠帶給你關於任何事物的訊息，而且你也可以問它任何問題，它會給你答案的。

當你感覺你已經強化了自己與脾中心的關係，但卻沒能就某事物得到清楚的答案，唯一的可能就是你的理性頭腦在干涉。每當你感到困惑時，試著留意哪些是你頭腦的聲音、哪些是你直覺本能的聲音。

強化脾中心的聲音

你可以透過在較不重要的小事上徵詢你的脾中心，藉此來練習強化你的脾中心聲音。例如：「我應該走哪條路？」或是：「我今天早上應該去哪家咖啡店？」放手去玩。這會送出訊息給脾中心，讓它知道你正敞開自己去信任它，因此它也會開始更常、更大聲地跟你溝通。

你和自己的直覺本能聲音建立起更緊密的關係，你就越可能不費力地感受到人生的指引，感受到內在深刻的信任感，總是可以「知道」要往哪裡去以及要做什麼。不需要過度思考，不需要向外去尋找答案。你擁有強大的直覺，當你讓你的本能來掌控時，人生也會因此變得更愉快、更豐盛、更輕鬆自在。

別試著向別人解釋或合理化你的第六感

別擔心自己無法向他人做解釋。如果你覺得自己有需要做解釋，那麼世界就會帶給你大量的情境是人們期望你要解釋的。你的信念會形塑外在的世界。

但當你完全接納自己做那些事是因爲自己受到召喚去做的，那麼外在世界也會尊重和接納你的情況。

心臟權威（Ego Authority）：你想要什麼，那就是你的直覺

心臟中心完全是關於你的渴望。當你有心臟中心直覺時，意味著你想要的事物就是生命中對你正確的事物。這並不是由你的腹部深處回應或你的頭腦來告訴你，而是當你看到那些事物時，你會說出：「我想要那個。」

這可能會很有挑戰，因爲這世界都在告訴我們說慾望是不好的。你必須壓抑或隱藏你對名聲、金錢、成功和影響力的任何渴望，因爲那會讓你看起來很貪婪、膚淺或居心不良。

但有慾望是不好的，唯一的原因就是當一個人帶著錯誤的信念去取得那些東西時。如果你相信必須要有人失去才能讓你獲得你想要的，如果你相信擁有這些東西會讓人更有價值、更好或者更高人一等，如果你相信零和遊戲，這時，去追求你想要的東西就會在你身後留下負面的能量足跡。但如果那些渴望都是來自純粹的靈魂指引，那麼它們就會是好的、是校準的。

你的渴望就是你的指標

你必須相信你的渴望是神聖的。你這輩子被賦予了心臟中心直覺，是因爲宇宙想要你傾聽那些渴望，藉此來達到你的最高自我。你的渴望就是你的指標，在指引你要往哪裡去。

你不需要知道你最後會去到哪裡；你只需要去做你的靈魂在推促你去做的事情。你不會總是知道你的渴望要帶你到哪裡去，以及爲什麼要帶你去那裡。舉例來說，你可能有一段強大的姻緣，而

且你受到金錢的驅使，因此你買了一間大房子住進去，結果隔壁住的就是你的靈魂伴侶。所以，你要知道的就是，別質疑你的渴望，你的渴望是神聖的。

重點在於渴望背後的信念

要解開心臟中心的內在指引，最重要的第一步就是擺脫你對自身物質慾望的任何批判和恐懼，那些渴望並不會貶低你的品格。

金錢、名聲、成功或影響力本身並沒有問題（關於吸引你的事物，你會有自己獨特的組合元素）。如果你屏除了我們對這些東西所抱持的信念，它們其實在能量上完全是中性的。宇宙使用它們作爲誘餌，來向你展現你該做什麼樣的決定，以及人生要往哪個方向前進。

但在歷史上大部分的時間裡，人們都是帶著錯誤的信念去追逐這些事物（可能是從他人身上掠奪，或是透過踐踏他人來取得，抑或是相信這些東西會讓自己高人一等）。但是，你現在可以帶著好的信念來做這件事——遵循你的渴望，並且也知道當你遵循渴望時，你是在爲所有人創造最好的情境，即使你還看不到事情會如何發展。

如果有什麼東西能夠給你帶來金錢，而且你也想要金錢，那就全心去投入那件事。如果那是你的，那麼去追求它並不會奪走他人的體驗，而是實際上確保了正確的事物能被分配到正確的人身上。

遵循內心的渴望

當渴望是發自內心的，當你在靈魂的層面上感受到你想要那東西，而且你無法解釋爲什麼，那就一定會在各方面都帶來美好的結果。試著去留意那些你想要的事物。你會想要，是因爲別人告訴你那是好東西，還是因爲當你看到那東西時，你眞心感受到內心和靈魂的渴望。舉例來說，你可能被灌輸說追求金錢是好事，但如果你並不是對金錢有眞心的渴望，這時，專注投入追逐金錢就會感覺像是一場艱苦的奮戰。但是如果你就是注定要受到名聲的驅使，而且你爲了名聲而去追逐金錢，那麼你實際上就會獲得豐盛的收穫，並且會比你在並非眞正渴望的情況下去追逐金錢時的收穫還要多更多。當你遵循內心的渴望，你在人生中注定要擁有的美好事物就一定會來到你身邊。

由於你被賦予了這些強烈的渴望，因此你也有責任要帶著好的信念去追求這些事物，去擁抱你的物質面向，並且藉此拉拔更多的人，而不是去打壓他們。

自我型權威（G Center Authority）：反響板直覺

當你擁有反響板直覺，意味著當你在談論事情時，會讓這些事情變得更清晰。之所以稱作反響板直覺，是因爲當你在向外在世界表達你的內在世界時，當你在和他人討論事情、進行交流時，答案會變得清晰。這並不是因爲別人說的話或給的建議，而是因爲當你在頭腦中思考事情時會變得太過複雜，但是當你把事情說出來，你便可以聽見自己的想法和感覺以更爲線性的方式表達出來，這可以讓你更容易地理清自己對某個議題的眞正感受。

看著你自己談論著自己的想法，或者和人們一來一往的對談，對你是很重要的，尤其是當你要做重大決定時。

不要認爲和太多人談論同一件事情是不好的。這並不表示你不知道自己的感受，或者不知道該做什麼，而是聽到你自己說出自己完整的想法，就是你確定要做什麼的決定過程。

把你頭腦中的思緒想像成一球毛線，它們纏繞在一起很難理清。但是當你把它們大聲地表達出來，你就是被迫要把它們抽開來，成爲一條清楚的線條。透過這麼做，你會看到自己眞正的想法和感受。

梳理思緒的方式

和你感覺自在的人談論事情會是最好的選項，但若是因爲任何原因而無法這麼做，你可以試著和自己說話並且錄下來，然後播放給自己聽。你也可以用寫日記的方式，但理想上，大聲說出來是會有幫助的，因爲你的聲音語調也會帶給你線索。

眞相就在語調中

留意你在談論這些事情時的語調。舉例來說，你可能在談論一個機會，關於這個機會，你的頭腦告訴你說這是個好主意，或者這是「合理的」，或者這會讓你得到你「想要」的；但如果你在向他人描述這件事情時，聽起來是沒有熱忱的，這個語調就揭露出了關於你對這些事情的眞實感受，讓你知道這並非眞的是個好主意。反過來也是成立的，如果你在迴避某件事，但你向朋友描述時卻帶著很熱切的語調，那麼你的內在自我知道那件事對你是正確的，只是你的頭腦有著各種的恐懼和制約，因此想要壓下這件事。

你可能也被這世界教導說，獨自坐下來思考事情是自信和自律的展現，但對你來說，獨自思考無法推進你的人生。透過和他人討論，從中獲得清晰，能夠加快你的進程，同時也釋放你的頭腦去思考其他的事物，而不是用來爲人生的重大事情做決定。談論事情是要理清你自己的思緒，而不是要獲得別人的建議。

頭腦型權威（Mental Authority）：做你覺得「有道理」的事情

擁有頭腦型權威，表示你是很少見的投射者類型，也就是頭腦型投射者。你的人類圖中所有有顏色的能量中心都是在喉嚨以上，意味著你的心智中心是主要的能量運作之處。

但你的頭腦有兩個不同的面向：你的思考型頭腦，以及你的感知型、直覺型頭腦。要能活出你的設計，就需要分辨這兩者，並且把它們運用在正確的角色上。

思考型頭腦

頭腦型投射者的人生擁有強大的聚焦能力，而且通常是單一焦點：他們是要觀察外在世界，並且發展自身對外在世界的獨特觀點。你有能力超越一般的思考方式，以不同的方式、更高層級的方式來看事情。

你的思考型頭腦是爲了實現你的人生使命。你看著周遭的外在世界，就你感興趣的領域提出敏銳、實用的洞見和觀點，藉此改善世界。

因此，思考型頭腦對外在世界來說是一名最佳運動員。但是當你用它來掌控你的人生時，它會表現得很糟糕。

感受型頭腦

感受型頭腦是你內在不會去觀察和處理資訊的部分。它純粹就是知道，但它也不清楚自己是怎麼知道的。這是你的頭腦裡直覺的部分，這部分是你要用來爲自己做個人人生決定的。

當某件事情是很直觀的時候，你無法加以解釋，或者用邏輯和事實來給予說明。感受型頭腦不會有意識地「思考」和試著「想出」解決方案，它只是放輕鬆去投入它覺得有道理的事情。你可以說前者是關於「應該做的事情」，是你對正確的事情一種先入爲主的概念，而後者則是連結無法言喻的神聖覺知，看到的是比「事實」還要更深入的層面。

你需要做的就只是你覺得「有道理」的事情，即使你無法說明緣由，並且特別是當你無法說明緣由時。事實上，如果你可以用邏輯和事實來加以說明，那大概就是來自你的思考型頭腦，而非來自你的感受型頭腦。當一件事給你的感覺是對的時，不管外在世界對它的觀點爲何，那都是你要跟進的道路。

月亮權威（Lunar Authority）：讓時間爲你顯現答案

當你是屬於月亮權威，你並不像其他權威類型，你的直覺並非來自你身體的任何部分。身爲反映者，你的直覺是來自外在、來自宇宙。施壓自己要從內在做出決定是徒勞的做法，相反地，你會發現正確的決定基本上就是會空降到你的覺知裡，在它們應有的完美時機，清晰明瞭地顯現。

你會阻斷這樣的運作方式，是因爲你被制約要立刻知道、立刻找到答案，這可能會讓反映者變得非常衝動，而且會感覺他們總是處在劣勢。

由於你是反映者，而且可能在不同時刻裡感覺像是不同的人，因此，宇宙會安排在對的時機向你顯現決定，而不是讓你根據自己當天的感受或當天發生的事情來做決定。

由於你在每個時刻只會體現你所有眞實樣貌的其中一面，因此任何重大的決定，需要讓你在各種不同心情和感受中都覺得是正確的才行。如果那個決定在幾個不同的狀態和特質中都覺得是好的，你就知道那決定是正確的。

做決定的時間

通常來說，針對較重大的事情，像是情人和職業，可能要用數週到一個月的時間；對於較小的決定，則等到你至少經歷了兩種不同的心情或能量頻率後再做決定。有時候，由於你可能強烈認同你在當下經歷的心情或能量頻率，因此可能讓你很確定那肯定是正確的決定。這會給你一種錯誤的安全感和確定感，而這也是世界灌輸給你好的做決定方式。正是在這樣的時刻裡，你必須記住，短暫的確定感和衝動並不是你能獲得眞正清晰的方式。如果你做出匆促的決定，那可能會是不校準的，在這種情況下，你所投入的任何時間和努力都不會帶領你去到你想去的地方。因此，對你來說，慢慢來所獲得的清晰感，實際上能夠更快地帶領你實現成果。

如果一項決定在初次浮現的一天、兩天、七天、十天之後依舊對你有吸引力，那麼你就知道那是正確的機會或選擇。你的直覺需要時間來眞正連結所有不同的人生面向，並且運用整個頻譜來做決定。

遵循你獨特的運作方式

要記得，你有潛能獲得整體人類最大的智慧，但是要臣服，並且允許生命向我們展現道路。若要能精通此道，你必須全然地接納用稍微不同於世界告訴你的方式來做事情。只有當你看到這麼做在你人生中展現的助益，你才會眞正開始相信等待和體驗是行得通的。因此，何不現在就開始呢？

6

你的人生角色

你的人生角色描述了你的個性——你對自己和他人呈現的模樣。

當你去查詢你的人生角色時，你會看到它是以兩個數字來描述的，例如：3/5或6/2。每個數字描述了你的本質中不同的元素。第一個數字描述你的內在自我，那是你獨處時的自己；第二個數字描述你的外在自我，那是你向他人呈現的模樣。

這意思是，你看自己和別人看你的方式總是不一樣的。這並沒有什麼問題或不尋常的地方。事實上，那是非常正確的。因爲你總是會更熟悉你的內在世界，而那是他人不太常會看到的，但他們會看見你呈現出來以及和外在世界互動的方式。

同時擁有不易被他人察覺的內在世界，以及呈現給實體世界的外在面向，實際上對我們是有益的。

人生角色總共有六個數字（六爻）以及十二種組合，這六個數字包括：

- 1爻：**知識追尋者**。如果你的人生角色有這個數字，你就是要來調查和學習的，這是成爲最高的自我很重要的部分。
- 2爻：**天生好手**。這意味著你要來分享的技能和天賦對你來說是天生就擁有的，你大概沒意識到那些技能和天賦是什麼，甚至也沒意識到自己在展現那些技能和天賦，至少一開始時是如此。允許自己去做那些不費力就上手的事情，是成爲你的最高自我/實現你的最大潛能很重要的部分。

- **3爻：實驗者**。這意味著你必須徹底嘗試各種東西才能精通事物。由別人來告訴你或是在書本上讀到，對你來說都不是好的做法。把你自己投入生命裡，是你實現自身最大潛能的方式。
- **4爻：友善者**。這意味著你很擅長與他人連結，而且你有直覺知道哪些人事物對你是正確的或不正確的。傾聽那直覺感受，對你實現人生目的是很重要的。
- **5爻：解放者**。他們很擅長解決事情或是爲他人提出解決方案。他們倡議每個人都要自由快樂，而且每個人都要有個幸福的人生。
- **6爻：典範**。要如何成爲傑出的人，他們在某些面向上是佼佼者也是模範。你會爲他人展示值得嚮往的道路，但並不是透過直接告訴他人，而是純粹培養自身在這方面的特質，而後透過自己展現出來。

接下來讓我們來探索每一個人生角色，看看這些數字如何結合形成你完整的個性。

1/3：知識與真理的建立者

1爻：知識追尋者

在內心裡，你把自己視爲調查者：你會找出事實和資訊，因爲得知事物、理解事物、獲得事實會讓你感到安全。當你感覺準備充分時，會最有自信。你發現自己會去探索未知領域來找出資訊，這可能展現爲對更高教育的熱愛，也可能純粹只是喜歡搜尋所有的事物。這種表達方式是你獨有的，但要知道，這種想要知道各種事物的驅動力，是你發展自己在此生中成爲權威人物的關鍵元素。宇宙把你設計成求知若渴，因爲那就是你人生使命的一部分。

其他人可能會誤解這種求知的需要，認爲這是好管閒事或自以爲聰明，但那是因爲對他們來說，要有這樣的好奇心是需要花很多力氣假裝的。他們無法瞭解爲什麼這件事對你有著自然的吸引力，完全不需要耗費多少力氣。對你而言，你發展自身天賦才能的方式，就是透過探索和親自投入你所著迷的主題裡。別去批判會吸引你的主題對象，那些主題未必總是和你的工作相關，但它們總是能夠在未來給你帶來助益。那不只是傳遞資訊，也是擴展理解，讓你更爲同理或者習得可轉移的技巧，而這可以在許多方面對你有幫助。這不只是關於純粹地追求知識，而是追求能夠轉化成許多其他才能的資訊。

3爻：實驗者

在外在，他人把你視爲實驗者。你的旅程是要在人生當中嘗試各種事物，看看什麼可行、什麼不可行，並且從結果中獲得智慧。會阻止你眞正擁抱這項特質的主要因素，就是我們的文化認爲行不通的事物就是「不好的」，因此你天生的嘗試錯誤的過程感覺就像是一種失敗。但是對實驗者來說，每種結果都蘊含著智慧，能夠協助你達到下一個層級——如果你願意這麼看這件事情的話。很重要的是你要嘗試過每個東西，看看它們是否通過你的標準。

你生來要不怕失敗，因爲失敗只是成功的墊腳石。你越快去擁抱有些事物可能會行不通的事實，你就會越快達到成功。你天生就是設計來經歷嘗試錯誤過程的，因此務必找到方法去感受嘗試錯誤過程的力量，並且把它視爲有趣、好玩的事情。要知道，嘗試失敗並不代表你很糟糕或你的人品低下，而是意味著你不害怕去嘗試，這是大部分人都很害怕的事情，但你是設計來要展現勇敢的。

當兩者結合

同時是知識追尋者和實驗者，似乎感覺違反直覺。要融合你的這兩種特質，關鍵在於要記得，

「眞理」會隨著你進化，而且會有很大的進化，因爲你天生會朝向靈性追尋者的方向發展。隨著你經歷人生並且發現新事物，你會建立新的眞理，因此別害怕從你先前相信的事物中繼續往前進，這只是你的視野和觀點持續提高的過程。你生來就是要持續進化自身對眞理的定義。要持續放手並隨著生命推動的方向改變。

在這個嘗試錯誤的過程中，你會找到其他的權威來協助你理解一切，或者理解你的人生旅程，這對你來說是很健康的做法。你可以透過他們來協助你瞭解你的歷程，但在此同時，你必須感覺是透過自身的經歷來自己發現了那些事情，這對你活出你的人生目的來說是非常重要的。因此，這是在兩者之間取得平衡，也就是收集資訊，以及透過測試和試驗來看看事物是否通過你的標準。你是天生存疑的人，有健康的質問能力，協助你保有你天生要自行發現事物這個事實，同時，別人也無法騙你，因爲你對眞相很敏銳。

當然，你最後也注定要成爲權威人物，但你在感覺自己夠資格之前，通常會不喜歡受到關注。要記得，「夠資格」並不是目的地——總是會有些事情是你夠資格可以談論的，同時也還會有其他事情是可以發現和學習的。別爲了達到「完全有資格」這個不存在的狀態而不願貢獻你所知的事情。

你是知道自己在做什麼的人，從某方面來說是我們可以眞正信任的，因爲你實際上嘗試過所有的事情，並且透過你自身傑出的高標準加以篩選過。

1/4：全知的老師

1爻：知識追尋者

在內心裡，你把自己視為調查者。你會找出事實和資訊，因為得知事物、理解事物、獲得事實會讓你感到安全。當你感覺準備充分時，會最有自信。你發現自己會去探索未知領域以找出資訊，這可能展現為對更高教育的熱愛，也可能純粹只是喜歡搜尋所有的事物。這種表達方式是你獨有的，但要知道，這種想要知道各種事物的驅動力，是你發展自己在此生中成為權威人物的關鍵元素。宇宙把你設計成求知若渴，因為那就是你人生使命的一部分。

其他人可能會誤解這種求知的需要，認為這是好管閒事或自以為聰明，但那是因為對他們來說，要有這樣的好奇心是需要花很多力氣假裝的。他們無法瞭解為什麼這件事對你有自然的吸引力，完全不需要耗費多少力氣。對你而言，你發展自身天賦才能的方式，就是透過探索和親自投入你所著迷的主題裡。別去批判會吸引你的事物，那些事物未必總是和你的工作相關，但它們總是能夠在未來給你帶來助益。那不只是傳遞資訊，也是擴展理解，讓你更為同理或者習得可轉移的技巧，而這可以在許多方面對你有幫助。這不只是關於純粹地追求知識，而是追求能夠轉化成許多其他才能的資訊。

4爻：友善者

在外在，你是個友善的人，意味著宇宙會透過你認識的人，把你的夢想送到你的門前。你能夠感受到誰對你是正確的、是適合共處的，而且你應該聆聽那份感受。當你和那些讓你感覺開朗和正確的人建立關係，你就會接受到光明且校準的機會。別害怕對那些你沒有共鳴的人保持一點距離和冷淡以對。這並不表示他們是壞人，他們只是不適合你。你並不是設計來人人好的。當你開始遵從這個原則，不把這視為封閉，那麼所有你此生注定要擁有的支持和機會都會來到你身邊。你喜歡相處的人就是你應該待在一起的人，這並非意外或巧合，所以別去質問為什麼你會受到某人吸引，卻不會受到其他人吸引。當你真正覺得找到屬於自己的群體，這就是你人生的重大里程碑。由於你知道什麼社交情況是適合你的，因此當你不能有彈性地接受不吸引你的社交情境時，也別苛責自己。

對你而言，這句話是真的：人生的品質是由關係的品質所決定的。

當兩者結合

你是要來學習瞭解那些讓你著迷的事物，然後向與你有連結的人們展示這些發現，相信這麼做可以帶給你所有你想要的東西。你是強大、有力量的人，會散發出權威感，而且人們也喜愛向你學習。當你透過傾聽自身的策略將這知識傳遞出去時，你會吸引那些已經準備好接受你要分享的事物的人們。你是來爲自己和生命中的人們建立基礎的，讓我們感覺更安全，更瞭解這世界。同時，你也是要來分享關於你個人很著迷的主題的相關資訊。

在成爲該權威的過程中，你會發現自己的不安全感開始消散。要記得，由於你是友善者，因此當你有意識地篩選生命中的所有人，你也就會更容易成爲權威。

要知道，你是設計來分享和教導某些事物的，但你未必會親自經歷那些事物。當你學習並理解了某事物，你就有資格去傳遞那知識。你越迅速、越經常純粹去分享你的發現，你也就會越成功。你可以隨自己的意願去尋找其他權威人士來教導你，找到吸引你的導師會加快你的學習過程。

對1/4的人來說，很重要的是不要去討好他人，因爲那會過度耗費你的能量。儘管你很擅長與人交流，但你還是喜歡自己做研究和學習。你的設計就是如此，你喜歡有獨處的創意時間。

在孩童時期，你可能非常信任他人，因此如果曾經有人告訴你一些不是事實的事情，你可能還是會相信，因爲他人對你來說是很重要的。但要記得，對他人來說，要在頭腦裡面組織資訊並不會像你一樣那麼容易。成年之後，你必須有自己的過濾過程，來決定什麼事物給你的感覺仍是眞實的，什麼則已經不再感覺眞實了。

你生來是要過濾和散播最高品質的資訊與知識。要相信，你感覺是好的資訊，那就是好的資訊，你並不需要其他事物來加以證明，只需要你內在的標準。智慧的收集者，我們需要你。

2/4：隨和的天才

2爻：天生好手

在內在，你是個天生好手，意味著有某些事情是你毫不費力就很擅長的，不需要眞正知道你是如何變得如此拿手，也不需要向他人描述你是如何做到的。

這世界會有種壓力要你證明或說明你是如何有資格做這些事情的。別屈服於那種壓力。事實上，當有越多像你這樣的人坦承這是你們唾手可得的，我們所有人就越能意識到，我們並不需要像社會告訴我們的那樣去「努力贏得」事物。

展現你的天賦並非關於向外在世界學習。那是你天生就擁有的，你只是不知道自己是如何得到的。當你在做這些天生就很擅長的事情，你會進入一種境界，彷彿這項才能是從你體內自然流露而出。你在做這些事情時，有種無意識的感覺，好似你並非有意識地要它發生，但它就是發生了。在這種情況下，展現你的天賦才能可說是一種無意識的過程，只要你能夠創造時間和空間讓你可以進入這種狀態，它就會自然而然展現。但是，由於這是個無意識的過程，因此通常是他人比你更容易

察覺你的天賦才能，由此之故，天生好手通常需要來自外在世界的回饋，才能知道自己擅長什麼。

當你在你的空間裡做著自己的事情，你不喜歡被打斷或干擾，因爲你需要完全地把自己投入到你的工藝裡，不被拉離了正軌。因此你確實有點隱士的面向，因爲只有透過這樣的狀態，你才能夠完整地發展自己的才能。

當你發現自己覺得被打擾時，你可以重新調整。要記得，人們通常不是故意要打擾你的，而且你也要清楚地跟他們溝通你想要獨處。

4爻：友善者

在外在，人們把你視爲友善的人。身爲友善者，意味著宇宙會透過你有建立關係連結的人，把你的夢想送到你的門前。因爲此緣故，你有與他人連結的天賦，並且能夠感受到誰對你是正確的、是適合共處的，而且你應該聆聽那份感受。當你的關係連結越能與你的眞實本質校準，就會有越多適合你的機會來到你身邊，不論是以直接或間接的方式。那些你喜愛的人，你就是眞正地喜愛他們，至於其他人，你可以輕易地放掉。

別害怕對那些你沒有共鳴的人保持一點距離和冷淡以對。這並不表示他們是壞人，他們只是不適合你。你並不是設計來人人好的。當你開始遵從這項原則，不把這視爲封閉，那麼所有你此生注定要擁有的支持和機會都會來到你身邊。你喜歡相處的人就是你應該待在一起的人，這並非意外或巧合，所以別去質問爲什麼你會受到某人吸引，卻不會受到其他人吸引。當你眞正覺得找到屬於自己的群體，這就是你人生的重大里程碑。由於你知道什麼社交情況是適合你的，因此當你不能有彈性地接受不吸引你的社交情境時，也別苛責自己。

對你而言，這句話是真的：人生的品質是由關係的品質所決定的。

當兩者結合

天生好手與友善者之間有種分歧，在於天生好手有著隱士的特質，友善者則是天生容易吸引他人並與之交流。4爻給予你動機去分享你的天賦才能，但2爻則不怎麼想要分享。世界都在告訴你說，你不能同時擁有這兩種特質，只有其中一個是真實的你，或者其中一個比另一個好，但這兩個面向都是要來在不同的時刻和不同目的中輔助你的。要學著在這兩者之間遊走，在需要的時刻展現其中一面。

儘管你一開始對自己的天賦才能沒有覺察，但你的人生旅程就是要全然地信任和依賴這些天賦才能。太多的學習以及把你的頭腦塞滿資訊，會消耗你的能量而不是帶給你能量，因為生命就是透過這方式在告訴你，那不是你該做的事情。你不喜歡被詢問你打算做什麼或者你平常在做什麼，因為你無法說明。但別人可以感受到你天生的才能，而這便會造成他們來召喚你去分享那才能。

你的身體可能很容易疲倦，因此要確定你別太常答應事情，否則你會能量枯竭，讓你更想要與這世界保持距離。你需要有足夠的充電時間，好讓你在需要的時候真的有能量去投入。不論是在安全的環境裡獨處，或者回應他人的召喚走到外面的世界去分享你的才能，你需要在這兩者之間有個健康的平衡。

你有著天生害羞的特質保護著你，這會過濾掉非誠摯的請求，確保別人的召喚是夠強勁的，顯示他們確實想要你來分享你的才能，因爲你不能對每個人都說「好」。

在親密關係中，你的分歧特質也會顯現，有時你會想要黏著對方，其他時候你則只想要獨處。同時也要意識到，2/4的人看自己並不是那麼清楚，所以要留意回饋和投射，因爲那會協助帶給你清晰感，讓你看到你未必能看到的自己。

你的人生歷程是要展現兩種特質：你自身多采多姿的內在世界，以及外在世界多采多姿的愛、連結與分享。唯有透過允許自己擁有這兩種面向，你才會完整活出你的天賦特質。

2/5：不情願的英雄

2爻：天生好手

在內在，你是個天生好手，意味著有某些事情是你毫不費力就很擅長的，不需要眞正知道你是如何變得如此拿手，也不需要向他人描述你是如何做到的。

這世界會有種壓力要你證明或說明你是如何有資格做這些事情的。別屈服於那種壓力。事實上，當有越多像你這樣的人坦承這是你們唾手可得的，我們所有人就越能意識到，我們並不需要像社會告訴我們的那樣去「努力贏得」事物。

展現你的天賦並非關於向外在世界學習。那是你天生就擁有的，你只是不知道自己是如何得到的。當你在做這些天生就很擅長的事情，你會進入一種境界，彷彿這項才能是從你體內自然流露而出。你在做這些事情時，有種無意識的感覺，好似你並非有意識地要它發生，但它就是發生了。在這種情況下，展現你的天賦才能可說是一種無意識的過程，只要你能夠創造時間和空間讓你可以進入這種狀態，它就會自然而然展現。但是，由於這是個無意識的過程，因此通常是他人比你更容易

察覺你的天賦才能，由此之故，天生好手通常需要來自外在世界的回饋，才能知道自己擅長什麼。

當你在你的空間裡做著自己的事情，你不喜歡被打斷或干擾，因爲你需要完全地把自己投入到你的工藝裡，不被拉離了正軌。因此你確實有點隱士的面向，因爲只有透過這樣的狀態，你才能夠完整地發展自己的才能。

當你發現自己覺得被打擾時，你可以重新調整。要記得，人們通常不是故意要打擾你的，而且你也要清楚地跟他們溝通你想要獨處。

5爻：解放者

你擁有一種「拯救眾生」的能量。你熱愛協助他人，不論那是陌生人還是親人，你對所有人都同樣重視。由於此緣故，也由於你天生很討人喜歡，因此人們也會下意識地感受到你可以協助他們、引導他們或帶領他們。有時候他們會把這種期待放在你身上，不論他們有沒有意識到自己在這麼做。身爲解放者，你的工作就是要分辨哪些情況是你要去處理和解決的，而哪些不是。只因爲你能夠處理，並不意味著你應該要去處理。正確的做法是，面對那些你覺得適合你運用自身才能的情況，以及你眞正感興趣的情況，然後才去投入。

有時候解放者會試圖要解決所有的事情，因爲他們想要讓每個人都開心。但如果你是因爲想要獲得認同和讚賞才去介入和解決事情，那麼你只會掏空自己，成了你的非我狀態。當你在做你確實眞正想要做的事情時，就意味著那對你是正確的。而當你在正確的情況中去介入和改善該情境，你實際上就會從中獲得能量的提振。

在親密關係中，對你來說很重要的是要能感受到自己不只是因爲幫大家解決問題才受到珍視。若沒有試著去拯救他人，你甚至可能不知道自己的本質，但唯有放掉這種情節，你才能夠開始看到你和親近的人之間還能夠有其他形式的交流。

當兩者結合

2/5是改變世界的人，因爲你是要來挑戰和轉變現狀的。身爲2/5，你喜愛協助他人，但你也眞的喜歡獨處。你不喜歡太常待在人們身邊或待在外面的世界，但當你覺得眞正值得時，你還是會這麼做的。無意識地，你喜歡獨處不被打擾，然而，人們總是會被你所吸引，他們總是會被拉到你的身邊。理想上，2/5分享天賦才能的過程是需要花時間獨處的，這讓你能夠積累才能，完全準備好在有需要時去拯救眾生。

你天生是個和諧的人，感覺一切都在你的掌控之中，儘管你可能不是這樣看自己的。這使得你會成爲許多人的投射對象，人們甚至會把你放在高台上崇拜。然而，這些投射通常是好的投射，因此你可以加以利用來眞正地協助他人。當你連結到自己無私的一面，以他人的投射爲指引，這確實有助你所分享的東西能夠帶給人們更深刻的影響。

受人崇拜的危險在於，那可能使得你太過自大，或者可能會強化你自我價值低落的情況，抑或你有可能依賴這種崇拜來提升低落的自我價值。要知道，你實際上無法左右人們要做什麼樣的投射。你可能感覺有壓力要去控制你所呈現的形象，但那只會阻礙人們看見你真正的本質。

儘管你可能夢想著改變這世界，但如果你感覺自己的需求沒有受到尊重，你便會有強烈的傾向要反抗或抽離。這項特質在親密關係中最容易顯現，因此要留意自己的核心需求是什麼，而且要確實向你的親密伴侶說明。其中一個需求就是對空間的需求，因此你需要投入一段對方能夠尊重這一點的浪漫關係裡，而且你自己內在也需要尊重這一點。

說到底，你生來是要擁抱你對人類的愛，以及你對獨處的熱愛，好讓你可以做自己的事情，把注意力從外在世界發生的事情中完全抽離。

你最渴望的是和諧與平靜，並且你也有天賦去協助把更多的和諧與平靜帶給他人。

3/5：偉大的人生實驗者

3爻：實驗者

你的內在自我是個冒險者和實驗者。你喜歡體驗許多事物，看看什麼可行、什麼不可行，並且從結果中獲得智慧。會阻止你眞正擁抱這項特質的主要因素，就是我們的文化並不認爲保持開放去接受人生帶給我們的教誨是有價值的。相對於實際去經歷人生，透過頭腦來理性地解析人生會讓我們感覺更有安全感。但是對於實驗者來說，你生來就是要相信人生是最好的老師，每種結果都蘊含著智慧，能夠協助你達到下一個層級。

你是要來勇敢跳入人生中的，因爲你必須品嚐人生，活出最豐盛的人生，這是你很深刻的需求。不可行的事物只是你邁向成功的另一個墊腳石。你越快去擁抱有些事物就是行不通的事實，你就會越快達到成功。你天生就是設計來經歷嘗試錯誤過程的，因此務必找到方法去感受嘗試錯誤過程的力量，並且把它視爲有趣、好玩的事情。要知道，嘗試失敗並不代表你很糟糕或你的人品低下，而是意味著你不害怕去嘗試，這是大部分人都很害怕的事情，但你是設計來要展現勇敢的。

5爻：解放者

你擁有一種「拯救眾生」的能量。你熱愛協助他人，不論那是陌生人還是親人，你對所有人都同樣重視。由於此緣故，也由於你天生很討人喜歡，因此人們也會下意識地感受到你可以協助他們、引導他們或帶領他們。有時候他們會把這種期待放在你身上，不論他們有沒有意識到自己在這麼做。身為解放者，你的工作就是要分辨哪些情況是你要去處理和解決的，而哪些不是。只因為你能夠處理，並不意味著你應該要去處理。正確的做法是，面對那些你覺得適合你運用自身才能的情況，以及你真正感興趣的情況，然後才去投入。

有時候解放者會試圖要解決所有的事情，因為他們想要讓每個人都開心。但如果你是因為想要獲得認同和讚賞才去介入和解決事情，那麼你只會掏空自己，成了你的非我狀態。當你在做你確實真正想要做的事情時，就意味著那對你是正確的。而當你在正確的情況中去介入和改善該情境，你實際上就會從中獲得能量的提振。

在親密關係中，對你來說很重要的是要能感受到自己不只是因為幫大家解決問題才受到珍視。若沒有試著去拯救他人，你甚至可能不知道自己的本質，但唯有放掉這種情節，你才能夠開始看到你和親近的人之間還能夠有其他形式的交流。

當兩者結合

你經常與人生共舞，你生來是要帶著過程中的發現來提升每一個人。所有的實驗和經歷體驗都讓3/5成爲人生課題的專家，熟知其中的高低起伏、優劣好壞、一切糟糕的麻煩事、以及一切的美好。

要讓這個運作能行得通，端看你怎麼看待它。如果你可以把一切過程視爲智慧的來源，感激並輕鬆地接納一切，你的人生就會充滿樂趣和不平凡的體驗，而且會越來越精采。在這樣的狀態下，每個人都會受到你的吸引，因爲即使你是在不自在的情境中，你仍能帶著輕鬆的心情來穿越（而且人生會感覺輕鬆許多），這是每個人都渴望的。如果你活出自己的設計，你就能經歷人生更高的高點。這並不是說你不會遭遇挑戰的時刻，但你會知道如何轉化這些時刻，把它們都轉變成有價值的事物。

然而，由於社會鼓勵戲劇化和苦痛，因此，3/5的人可能經常會覺得自己應該要抓住低點時的沉重和艱難感受，但這麼做只會永久拉長了低點的體驗。當我們越是去講述沉重和艱苦的故事，我們停留在其中的時間就會越久，因此也就越難去看到在挑戰之後通常會帶來眞正很棒的事物。

當你帶著美好的輕鬆神情與他人分享你的人生經驗和智慧時，會讓每個人都覺得更無懼、更興奮，而且或許會學習到更多這個社會不想要我們去探索的事物。人們認爲3/5是最讓人有共鳴且最討人喜愛的，這會吸引人們想要透過你學習到你對人生的智慧。這個世界因爲我們所知道的事物而重視我們，但對你而言，你的價值是在於你所學習到的事物。

你會隨著年紀增長而感覺到更和諧，因爲你所經歷的體驗會爲你積累更多經驗。人們會把你視爲生來要引領改變的人、是有內涵的人，但你只認爲自己是邊走邊摸索罷了。由於這個緣故，許多名人和公眾人物都是3/5，因爲他們是我們想要仿效的人。要知道，隨著時間積累，只要你把人生看作是一場有趣、好玩的大型實驗，你的信心就會慢慢提升，而且你也會更自在地去看見分享自身經驗所帶來的價值。

你並不需要爲人們而把你的經驗轉化成特定的引導和指示，告訴他們要如何活出自己的人生。人們光是聽你更多地談論自己的人生，就會有許多的收穫。你的專長就是去體驗生命的完整光譜，而不是只有人們喜歡聽的美好理論，也不只是那些好聽的東西。要留意別爲了讓別人能更自在而刪減掉那些混亂糟糕的部分。就算讓人有些不舒服也沒關係，畢竟人生並不是只有光彩的一面。由於你的訊息對各種人都是有幫助的，因此，3/5持續接觸新的人是好事，而不是只連結相同的人、關係和習性。投入太多能量來建立緊密的關係會耗盡你的能量，因爲你的人生目的是要與許多人互動。

在親密關係中，你最需要來自情人的鼓勵。要記得，你並不是要來把大多數的能量投入在一個人身上，因爲你是要來廣泛傳播自身天賦才能的，因此，你需要和能夠欣然接受這種情況的人在一起。

你生來要見證地球上生活的驚奇之處，你是體驗人生的先鋒，並且向其他的人做回報。

3/6：活生生的對比

3爻：實驗者

你的內在自我是個冒險者和實驗者。你喜歡體驗許多事物，看看什麼可行、什麼不可行，並且從結果中獲得智慧。會阻止你眞正擁抱這項特質的主要因素，就是我們的文化並不認爲保持開放去接受人生帶給我們的教誨是有價値的。相對於實際去經歷人生，透過頭腦來理性地解析人生會讓我們感覺更有安全感。但是對於實驗者來說，你生來就是要相信人生是最好的老師，每種結果都蘊含著智慧，能夠協助你達到下一個層級。

你是要來勇敢跳入人生中的，因爲你必須品嚐人生，活出最豐盛的人生，這是你很深刻的需求。不可行的事物只是你邁向成功的另一個墊腳石。你越快去擁抱有些事物就是行不通的事實，你就會越快達到成功。你天生就是設計來經歷嘗試錯誤過程的，因此務必找到方法去感受嘗試錯誤過程的力量，並且把它視爲有趣、好玩的事情。要知道，嘗試失敗並不代表你很糟糕或你的人品低下，而是意味著你不害怕去嘗試，這是大部分人都很害怕的事情，但你是設計來要展現勇敢的。

6爻：典範

你的內在自我是天生帶有智慧的。你誕生在這個世界上時，便已經擁有生命的智慧。但在你人生的頭三十年裡，你與內在智慧的連結尚未發揮作用，這時你會試著確立自己的目標和人生方向。你會做實驗，把你的能量投入到許多不同的地方、人們和機會裡，而且這是個很重要的過程。

但隨著你來到接近三十歲時，你會想要對你投入能量的事情更有選擇性，因爲你知道什麼會給你帶來你想要的收穫而什麼不會。你開始想要讓自己能夠處於更爲平靜和安穩的狀態，保留你在生命中獲得的好的部分，並且擺脫那些現在對你來說只會讓你脫離自身本質的雜音。通常是在人生的這個階段裡，你會意識到：「哇，我確實眞的擁有智慧與直覺，我不需要再像以前那樣去向外尋求了。」

賢者的道路是關於不受到外在的干擾，回到與自己的關係上，並且依靠來自內在的智慧源頭，而不是把自己的力量與認可交在他人手上。在賢者的旅程中，他人必定會把你視爲典範，但你必須是第一個這麼認定自己的人，這件事情才會發生。當你把太多焦點放在別人的行爲和想法上，你就會覺得沒有安全感；當你覺得自己的內在安穩了，並且排除了外在的雜音，你就會重新建立自己與內在天生智慧的連結。這份智慧對你自己的人生是有幫助的，而在你引導、分享和支持他人時，這份智慧也是絕對重要的。只要你能創造時間和空間去傾聽自己天生知道的事物，你就會被其他人視爲能夠景仰和尋求指引與智慧的人。

當兩者結合

3/6是要來將混亂轉化爲秩序，將經歷轉化爲智慧。儘管你生來就擁有智慧，但是你在人生的頭三十年裡會經歷人生的速成班，體驗人生的高低起伏，好讓你不只是在靈魂的層面上理解，並且在身體的層面上也知道人們在哪些眞實人生體驗中是需要協助的。別誤以爲這場火的洗禮是錯誤的、瘋狂的或是不好的，那實際上只是你的教育過程的一部分。這是生命在提醒你關於那些你已經知道的智慧。然而，一旦你經歷過了這個階段，你也就準備好要成爲有智慧的典範人物。這是個崇高的位置，人們會尊敬你，因爲他們會被吸引來追求你擁有的智慧。

要留意，你近乎完美的狀態可能會讓他人把你放在高台上崇拜，這反而會造成你和他人之間的隔閡。但是，別人把你看成是一種模範並非壞事。別屈服於社會的制約，認爲你必須要讓人有共鳴才算是好人。展現你謙遜和人性的一面，但也接納你的智者地位。這種神奇的組合會把人們吸引到你身邊。

混亂與智慧可能看似相牴觸，但是它們實際上是相同的東西。混亂會給智慧賦予實質的意義。你擁有「去過了、做過了」的實際經歷，事實上也能贏得人們的信任，相信你所提供給他們的東西。

有時候你可能感覺有一半的你想要活出最豐盛的人生，而另一半的你則想要放輕鬆去觀察人生。不需要在這兩者之間做選擇；這兩個都是你。要允許你在這兩者之間流動，想抽離的時候就抽離，想體驗的時候就走出去到世界裡。隨著你年紀漸長，你的智慧賢者部分會越來越強大，你也會發現自己想要在人生中創造更多的平靜和秩序，並且你對於依靠自己內在的覺知也會變得更有信心。你內在的對立特質會帶來很高層次的人生目的，因爲你最終是要來教導我們擁抱自己內在的對立面，成就我們完整的人生。

儘管你稍微抽離了，你仍舊偶爾會感受到人生的跌宕起伏，而你也會疑惑這情況何時能穩定下來。會發生這種情況，是因爲生命試著要帶給你新層次的智慧，因此，欣然投入其中吧，那是不會持續太久的。

儘管你是要來協助我們把混亂完美轉化爲秩序，但要留意，完美並不會成爲你個人執著的點，接納才是你要練習的事情。信任也是對你個人而言很重要的部分，因爲信任就等於安全。在親密關係中，你需要被給予很多的空間和溫柔，儘管你可能一直看起來都很好，或者感覺一切都在你的掌握之中。

你是生來要把你的人生經歷轉化成能夠協助他人的東西，協助我們所有人的人生更平順、更清晰、更容易找到方向。請享受你自己的旅程，要知道那是爲你完美量身定做的，它能夠指引你回歸到你生來要分享的天賦才能上。你總是擁有這些才能，你只是需要一直記得自己擁有它們。

4/6：莊重的權威

4爻：友善者

在你的頭腦中，你的人生是由生命中的人們所指引與衡量的。因爲此緣故，你有與他人連結的天賦，而且能夠感受到誰對你是正確的、是適合共處的。對你而言，這句話是眞的：人生的品質是由關係的品質所決定的。

透過你建立的關係連結，宇宙會把各種你渴望的機會傳送給你，因此當你建立越多忠於自身本質的眞摯連結，你獲得的機會也就會越適合你。別嘗試不適合你的關係，因爲透過那些關係所帶來的一切事物都會讓你偏離你的人生軌道，而不是讓你更趨近正軌。

別害怕對那些你沒有共鳴的人保持一點距離和冷淡以對。那些你喜愛的人，你就是眞正地喜愛他們，至於其他人，你可以輕易地放掉。這並不是說他們是壞人，他們只是不適合你。你並不是設計來人人好的。當你開始遵從這項原則，不把這視爲封閉，那麼所有你此生注定要擁有的支持和機會都會來到你身邊。你喜歡相處的人就是你應該待在一起的人，這並非意外或巧合，所以別去質問爲什麼你會受到某人吸引，卻不會受到其他人吸引。當你眞正覺得找到屬於自己的群體，這就是你人生的重大里程碑。由於你知道什麼社交情況是適合你的，因此當你不能有彈性地接受不吸引你的社交情境時，也別苛責自己。

6爻：典範

身爲賢者，你是天生帶有智慧的人。你誕生在這個世界上時，已經擁有生命的智慧。但在你人生的頭三十年裡，你與內在智慧的連結尚未發揮作用，這時你會試著確立自己的目標和人生方向。你會做實驗，把你的能量投入到許多不同的地方、人們和機會裡，而且這是個很重要的過程。

但隨著你來到接近三十歲時，你會想要對你投入能量的事情更有選擇性，因爲你知道什麼會給你帶來你想要的收穫而什麼不會。你開始想要讓自己能夠處於更爲平靜和安穩的狀態，保留你在生命中獲得的好的部分，並且擺脫那些現在對你來說只會讓你脫離自身本質的雜音。通常是在人生的這個階段裡，你會意識到：「哇，我確實眞的擁有智慧與直覺，我不需要再像以前那樣去向外尋求了。」

賢者的道路是關於不受到外在的干擾，回到與自己的關係上，並且依靠來自內在的智慧源頭，而不是把自己的力量與認可交在他人手上。在賢者的旅程中，他人必定會把你視爲典範，但你必須是第一個這麼認定自己的人，這件事情才會發生。當你把太多焦點放在別人的行爲和想法上，你就會覺得沒有安全感；當你覺得自己的內在安穩了，並且排除了外在的雜音，你就會重新建立自己與內在天生智慧的連結。這份智慧對你自己的人生是有幫助的，而在你引導、分享和支持他人時，這份智慧也是絕對重要的。只要你能創造時間和空間去傾聽自己天生知道的事物，你就會被其他人視爲能夠景仰和尋求指引與智慧的人。

當兩者結合

在你的族群裡，你通常是中心人物，會影響、指導和組織所有人。即使你沒做什麼也經常有人會來接近你，而且你可能發現到社交情境會圍繞著你打轉。透過此方式，你能夠凝聚人們，這對你來說是超級重要的價值。

家人和朋友是你的一切。當你帶著正確的意識成爲你群體中的國王或女王，會是件好事，因爲這讓你能散播你要來散播的事物，也就是你的溫暖、寬大和智慧。

這個世界都在告訴你說，你應該透過頭腦來做事，但你的強項是你寬大仁慈的心，而透過內心指引他人和透過頭腦來控制他人是非常不同的。事實上，你在人生中的主要工作就是要敞開心胸，因爲那就是「你的」智慧來源。這對你來說可能有些棘手，因爲你是如此擅長透過頭腦來控制事物。而且敞開心胸對你來說是很可怕的，因爲你是如此熱愛他人，因此你會害怕遭到拒絕。只有當你實際展現寬大仁慈的心以及展現你的脆弱，人們才會因此更愛你。但當你切斷內心與人們的連結，或者假裝自己沒有寬大仁慈的心，你可能會發現，在他人拒絕你之前，你自己就先去批判、推開、忽視或拒絕他人了。

你要學習的主要課題之一就是，你不需要緊緊掌控所有事物，藉此來讓情況順利發展並對你有利。儘管你是一個指導者的角色，但你同樣需要學習去瞭解到你也能夠信任和依靠他人。如果你總是堅持所有事情都要親力親爲，你就永遠無法看到別人能夠爲你做什麼。因爲只要你堅持自己做所有的事情，就只會確認了你的恐懼，那就是你無法完全信任或依靠他人。

這種緊密的控制可能造成心智疲乏和焦慮，而唯一的出路就是停止操控一切，純粹讓人生自然進展。你能夠眞正信任人生的唯一方式就是試著放手，並且看到它不論如何都會支持你。當你累積越多的證據，看到人生會自行解決一切，你就會變得越信任，然後你就能自由喜悅地擔任皇室般的權威人物去分享你的天賦才能，而不是成天活在錯誤的恐懼和控制慾裡。4/6通常會試圖控制他人，因爲他們不相信事情可以在不加以控制的情況下順利進展。

儘管你生來就是有智慧的，但是你人生的頭三十年裡仍會充滿各種跌宕起伏，大多都是和人有關，那些關係是你在人生中的課題。你需要確定自己別去做的一件事情就是，不要因爲這些經歷造成你的害怕失敗和受傷，因而關閉了自己的內心。

一旦你來到土星回歸，也就是大概在二十八歲到三十歲左右，如果你從先前的經歷中拾獲了智慧，你的人生就會開始安穩一些。帶著感激之情去回顧過去的經歷，會協助你保持開放的心胸。要留意，儘管你在大部分的事情中都是對的，並不意味著你在所有的事情中也都會是對的。有時候也可以向別人尋求指引。你天生便擁有皇室般的神態，並不需要做什麼去獲得這樣的特質，所以就放輕鬆接納吧！你不需要過度表現、尋求注意力或者躲避他人的關注。

你生來是要在頭腦智慧與內心智慧之間取得平衡的。當你能夠達到這種狀態，不論你做什麼，都能觸及人們的心智與內心。

4/1：獎勵人生

4爻：友善者

在你的頭腦中，你的人生是由生命中的人們所指引與衡量的。因爲此緣故，你有與他人連結的天賦，並且能夠感受到誰對你是正確的、是適合共處的。對你而言，這句話是眞的：人生的品質是由關係的品質所決定的。

透過你建立的關係連結，宇宙會把各種你渴望的機會傳送給你，因此當你建立越多忠於自身本質的眞摯連結，你獲得的機會也就會越適合你。別嘗試不適合你的關係，因爲透過那些關係所帶來的一切事物都會讓你偏離你的人生軌道，而不是讓你更趨近正軌。

別害怕對那些你沒有共鳴的人保持一點距離和冷淡以對。那些你喜愛的人，你就是眞正地喜愛他們，至於其他人，你可以輕易地放掉。這並不是說他們是壞人，他們只是不適合你。你並不是設計來人人好的。當你開始遵從這項原則，不把這視爲封閉，那麼所有你此生注定要擁有的支持和機會都會來到你身邊。你喜歡相處的人就是你應該待在一起的人，這並非意外或巧合，所以別去質問爲什麼你會受到某人吸引，卻不會受到其他人吸引。當你眞正覺得找到屬於自己的群體，這就是你人生的重大里程碑。由於你知道什麼社交情況是適合你的，因此當你不能有彈性地接受不吸引你的社交情境時，也別苛責自己。

1爻：知識追尋者

你爲人生和人們而著迷。有這個個性的人會傾向喜愛人類行爲、心理學和任何解析人類運作的事物——任何從表面到深沉的事物都喜愛。你是要來著迷於你喜愛的主題，不論那主題是什麼，而且讓它來接管你的人生確實是一件好事。你的靈魂會持續推促你去掌握更多眞相與理解，因爲你生來是要獲取龐大知識並且傳遞給他人的。

你會找出事實和資訊，因爲得知事物、理解事物、獲得事實會讓你感到安全。當你感覺準備充分時，會最有自信。你發現自己會去探索未知領域以找出資訊，這可能展現爲對更高教育的熱愛，也可能純粹只是喜歡搜尋所有的事物。這種表達方式是你獨有的，但要知道，這種想要知道各種事物的驅動力，是你發展自己在此生中成爲權威人物的關鍵元素。宇宙把你設計成求知若渴，因爲那就是你人生使命的一部分。

其他人可能會誤解這種求知的需要，認爲這是好管閒事或自以爲聰明，但那是因爲對他們來說，要有這樣的好奇心是需要花很多力氣假裝的。他們無法瞭解爲什麼這件事對你有自然的吸引力，完全不需要耗費多少力氣。對你而言，你發展自身天賦才能的方式，就是透過探索和親自投入你所著迷的主題裡。別去批判會吸引你的主題對象，那些主題未必總是和你的工作相關，但它們總是能夠在未來給你帶來助益。那不只是傳遞資訊，也是擴展理解，讓你更為同理或者習得可轉移的技巧，而這可以在許多方面對你有幫助。這不只是關於純粹地追求知識，而是追求能夠轉化成許多其他才能的資訊。

當兩者結合

你非常輕鬆地來到這個世界，沒有任何負擔或沉重的事物。如果你確實有任何的重擔，要知道那是來自外在世界對你的制約，讓你認爲自己需要成爲那模樣才能融入，或者才能成爲一個好的、負責任的、聰明的、成功的人。你是要來教導我們，實際的情況正好相反。我們都要以輕鬆的方式經歷人生，而且無論如何都必須保有自己的輕鬆狀態，這樣才能成爲他人的模範。

這種輕鬆氛圍會透過任何你特別著迷的事物以及你和他人分享的主題散播出去。身爲4/1，你並不需要去找人分享，你只需要讓自己專注投入事物當中。要很清楚自己有熱情的事物是什麼，然後專注投入幾乎到了你要立起隔板的程度，不讓太多外來的影響和雜音占用你的時間和精力。想要聆聽你分享知識的人自然會來找你，或者生命會把他們放到你的道路上。4/1眞正的工作是不需要去知道所有的事情，只需要更深入鑽研你眞正著迷的事物。

你有著非常有組織的頭腦，能夠處理複雜的項目和議題，在頭腦中形成非常清晰的理解。你會看見兩極的情況，也就是對與錯、好與壞，而這實際上對你來說是很好的。緊守著這種看事物的方式，但也要知道其他人並不是以這種方式看事情，他們並不是生來要這樣看事情的，但你是。當世界告訴你說事情在灰色地帶，也要緊守著這種兩極性。黑白分明對你是比較好的，但首先你要經歷過內在的運作過程，詢問自己什麼才是眞實的、好的，什麼不是。要小心，對於這個世界告訴你的好與壞不要照單全收，要透過自己的標準和自己的眞理來過濾一切，再決定自己的立場。

要確定當你在質疑事物並找到自己的立場時，你不是只透過自己的頭腦來做這件事（因爲那壓力太大了），而是也要讓內心與熱情一起參與。如果你只是透過頭腦的觀點來處理，你會感覺筋疲力竭，因爲你的頭腦很容易疲憊。這是生命要確保你總是透過完整的自己來形成你的觀點，也就是要包含你的內心和你的感覺。

當你在散播你對事物的強勁立場時，不論那是什麼主題，不論是嚴謹的或不周密的，人們都會覺得很有感染力，他們都會受到你的吸引。你是要來學習不去從眾的。你需要有點特立獨行，但也要知道這並沒有讓你更好或更糟，沒有讓你更討喜或更不討喜，也沒有任何你害怕可能帶來的意涵。你生來就是要高度獨立的。在關係中，你交往的人需要能夠看到你底層的本質，而且要能受到那部分的你所吸引。很重要的是，對方要能夠看見並且欣賞你的獨立性。

5/1：挑戰化解者

5爻：解放者

你擁有一種「拯救眾生」的能量。你熱愛協助他人，不論那是陌生人還是親人，你對所有人都同樣重視。由於此緣故，也由於你天生很討人喜歡，因此人們也會下意識地感受到你可以協助他們、引導他們或帶領他們。有時候他們會把這種期待放在你身上，不論他們有沒有意識到自己在這麼做。身爲解放者，你的工作就是要分辨哪些情況是你要去處理和解決的，而哪些不是。只因爲你能夠處理，並不意味著你應該要去處理。正確的做法是，面對那些你覺得適合你運用自身才能的情況，以及你眞正感興趣的情況，然後才去投入。

有時候解放者會試圖要解決所有的事情，因爲他們想要讓每個人都開心。但如果你是因爲想要獲得認同和讚賞才去介入和解決事情，那麼你只會掏空自己，成了你的非我狀態。當你在做你確實眞正想要做的事情時，就意味著那對你是正確的。而當你在正確的情況中去介入和改善該情境，你實際上就會從中獲得能量的提振。

在親密關係中，對你來說很重要的是要能感受到自己不只是因爲幫大家解決問題才受到珍視。若沒有試著去拯救他人，你甚至可能不知道自己的本質，但唯有放掉這種情節，你才能夠開始看到你和親近的人之間還能夠有其他形式的交流。

1爻：知識追尋者

身爲調查者，你會找出事實和資訊，因爲得知事物、理解事物、獲得事實會讓你感到安全。當你感覺準備充分時，會最有自信。你發現自己會去探索未知領域以找出資訊，這可能展現爲對更高教育的熱愛，也可能純粹只是喜歡搜尋所有的事物。這種表達方式是你獨有的，但要知道，這種想要知道各種事物的驅動力，是你發展自己在此生中成爲權威人物的關鍵元素。宇宙把你設計成求知若渴，因爲那就是你人生使命的一部分。

其他人可能會誤解這種求知的需要，認爲這是好管閒事或自以爲聰明，但那是因爲對他們來說，要有這樣的好奇心是需要花很多力氣假裝的。他們無法瞭解爲什麼這件事對你有自然的吸引力，完全不需要耗費多少力氣。對你而言，你發展自身天賦才能的方式，就是透過探索和親自投入你所著迷的主題裡。別去批判會吸引你的事物，那些事物未必總是和你的工作相關，但它們總是能夠在未來給你帶來助益。那不只是傳遞資訊，也是擴展理解，讓你更爲同理或者習得可轉移的技巧，而這可以在許多方面對你有幫助。這不只是關於純粹地追求知識，而是追求能夠轉化成許多其他才能的資訊。

當兩者結合

5/1是修理者和問題解決者，總是在提出答案和解決方案。他人看到了你外表呈現出來的深思熟慮、可靠、永遠保持好奇心的模樣，但他們不會看到底層的運作。5/1的內在人生是個做事方式不同的人，勇於違抗意願，這兩個面向都是你同樣重要的部分，當兩者結合在一起時，你便是被放在完美的位置，能夠提出有創意的解決方案，同時也能讓人們覺得他們能夠信任那個解決方案的可行性。

因爲別人能夠下意識地感覺到你能夠協助他們、引導他們或帶領他們，而且因爲你知道自己幾乎能夠爲任何事情提出解方，因此這可能會給你造成很大的壓力。5/1會感受到他人投射的力量，而且也不喜歡達不到期望和讓他人感到失望。對你來說，一個重大的人生課題是，別用他人對你的期望來衡量自己的價值。做太多的事情會讓你無法面面俱到，也會讓你無法只去做你應該做的事情，也就是成爲某個領域的權威，在那個領域上有最好的表現。你應該要在某個時間點成爲權威人物，而且你也要把自己視爲權威人物。

對你來說，一個重大的人生課題是，要瞭解到自己的價值並不是只取決於你爲他人做了什麼。在親密關係中，如果你只是持續爲他人服務，相信這就是他們欣賞你的地方，那麼你就永遠不會有機會感受到他們因爲其他事情而欣賞你。你解決問題的能力應該是你要展現的人生使命，而不是只因爲你有這個能力就去幫每個人和每個情況解決問題。

另一個你要在這一生中去探索的主題就是責任。你不會想要承接太多責任，使你變得易怒且憤世嫉俗，但你需要承接足夠的責任，讓你感受到自己是有能力且有效率地連結到你的人生使命。然而如果你交給別人來決定，你就會變成要負責並處理所有的事情，因此最好還是要稍微保護一下自己的時間和能量。

你會經常需要新的企劃和挑戰，因爲那是激勵你展現自身特殊技能的必要元素。5/1喜愛過程，而非只是結果，因此，你也會對別人的過程非常留意，這讓你對人們的運作特質深具智慧。雖說這對你來說是輕而易舉的，但要知道，這是一項特殊的技能，並不是每個人都擁有的。

你的設計喜愛追根究柢，這是很棒的，只是要留意，別讓這過程變成一種不安全感，認爲基礎可能永遠都不夠穩固、甚至會消失。好的事物會持續，你並不需要經常花力氣去維護它們。你能對這件事感到確定的唯一方式就是要稍稍放手，觀察這件事確實成眞。你越是這樣去嘗試，就越容易能夠相信這件事。

在親密關係中，要知道，一直談論你的弱點和脆弱未必是健康的。別試著透過呈現自己的弱點來讓人們覺得你討人喜歡、讓人有共鳴。人們只要在你身邊，自然就會看到你人性的那一面。你也要讓他人看見你出色的那一面，就像你能看見他人傑出的特質一樣。解決問題眞的是個超人的技能，別因此覺得羞愧。他人的傑出是在其他領域，因此你應該感到自信並且去接受它。

你生來就是要以意料之外的出色方式解決問題的。別爲此感到難爲情，我們需要你。

5/2：自我激勵的英雄

5爻：解放者

你擁有一種「拯救眾生」的能量。你熱愛協助他人，不論那是陌生人還是親人，你對所有人都同樣重視。由於此緣故，也由於你天生很討人喜歡，因此人們也會下意識地感受到你可以協助他們、引導他們或帶領他們。有時候他們會把這種期待放在你身上，不論他們有沒有意識到自己在這麼做。身爲解放者，你的工作就是要分辨哪些情況是你要去處理和解決的，而哪些不是。只因爲你能夠處理，並不意味著你應該要去處理。正確的做法是，面對那些你覺得適合你運用自身才能的情況，以及你眞正感興趣的情況，然後才去投入。

有時候解放者會試圖要解決所有的事情，因爲他們想要讓每個人都開心。但如果你是因爲想要獲得認同和讚賞才去介入和解決事情，那麼你只會掏空自己，成了你的非我狀態。當你在做你確實眞正想要做的事情時，就意味著那對你是正確的。而當你在正確的情況中去介入和改善該情境，你實際上就會從中獲得能量的提振。

在親密關係中，對你來說很重要的是要能感受到自己不只是因爲幫大家解決問題才受到珍視。若沒有試著去拯救他人，你甚至可能不知道自己的本質，但唯有放掉這種情節，你才能夠開始看到你和親近的人之間還能夠有其他形式的交流。

2爻：天生好手

你呈現出來的是個天生好手，意味著有某些事情是你毫不費力就很擅長的，不需要眞正知道你是如何變得如此拿手，也不需要向他人描述你是如何做到的。

這世界會有種壓力要你證明或說明你是如何有資格做這些事情的。別屈服於那種壓力。事實上，當有越多像你這樣的人坦承這是你們唾手可得的，我們所有人就越能意識到，我們並不需要像社會告訴我們的那樣去「努力贏得」事物。

展現你的天賦並非關於向外在世界學習。那是你天生就擁有的，你只是不知道自己是如何得到的。當你在做這些天生就很擅長的事情，你會進入一種境界，彷彿這項才能是從你體內自然流露而出。你在做這些事情時，有種無意識的感覺，好似你並非有意識地要它發生，但它就是發生了。在這種情況下，展現你的天賦才能可說是一種無意識的過程，只要你能夠創造時間和空間讓你可以進入這種狀態，它就會自然而然展現。但是，由於這是個無意識的過程，因此通常是他人比你更容易察覺你的天賦才能，由此之故，天生好手通常需要來自外在世界的回饋，才能知道自己擅長什麼。

當你在你的空間裡做著自己的事情，你不喜歡被打斷或干擾，因爲你需要完全地把自己投入到你的工藝裡，不被拉離了正軌。因此你確實有點隱士的面向，因爲只有透過這樣的狀態，你才能夠完整地發展自己的才能。

當你發現自己覺得被打擾時，你可以重新調整。要記得，人們通常不是故意要打擾你的，而且你也要清楚地跟他們溝通你想要獨處。

當兩者結合

你是個出色且毫不費力的修理者和解決者，你是要來服務人們的，而這背後是由你那個寬大無私的心所支持著。你喜愛介入並爲人們改善事物，而且你似乎能夠輕鬆完成一切。改善事物是你身上很顯而易見的天賦才能。

然而，儘管你是生來要協助他人的，但你也會尋求許多獨處的時間。要學著知道在什麼時間做什麼事，乃是創造健康、成功生活的關鍵。由於協助他人和提升他人對你來說是很容易的，因此，你有一個大弱點的事實可能讓人難以相信，那就是你有經常質疑自己的傾向，而最終，這是你要去克服的事情。

在他人發現你的天賦之前，你必須先發現自己的天賦，並且展現給外在世界看。很重要的是，你不能期待這個世界來發現你，否則你會永遠都在等待，而那只會讓你更想跟這個世界進一步脫離。就如同你的名稱顯示的，別人的認同和賞識都無法推動你，你生來就是要相信自己，並且成爲自己的驅動力。要記得，你內在數字5的那部分是會承受很多投射的。如果你感受到太多投射的壓力，但你還沒有自我認同賞識，那麼你就很可能會放棄或自我放逐。千萬別舉白旗投降，我們需要你堅持下去，因爲你眞的是要來成爲英雄的。這會成爲能夠同時療癒你和療癒他人的事情。

你需要的獨處時間主要是對你的身體很重要，讓你能夠保持健康。因此，別讓你的頭腦接管了你的獨處時間（過度思考、擔憂和投射），因爲那會消耗你，而不是爲你充電。獨處時間是爲了身體，而投入人生則是能夠撫慰你的頭腦並提振你的自信。你此生是要來克服你對自身形象和能力的恐懼，克服你在這方面的高標準，但思考並不能解決這個課題。你必須向自己展現你自身的能力，放手讓它有所發揮。你從別人那裡感受到的壓力其實和你毫不相關，只有在你對自己有壓力和期待時，你才會被他人的投射觸發。但那些觸發的投射也不是壞事，它們只是把你指向下一個你能夠自我檢視的地方。

你有強大的理想，而美好的事物會從這些理想中誕生，你可以用它們來創造和激勵世界的美好。只要你不是對人生和對他人有過度的幻想，緊守著對於我們能夠有多美好的理想其實是好事。當你相信這個理想時，你也會讓他人更容易相信，而要創造一個理想世界，有一半的工作就在於相信。

你有著超個人的業力，意味著你在向他人做貢獻時會感到最有價值。要知道，當你越能相信自己的天賦才能是有價值的，眞正去接納你的才能，並且開始向世界展現這項才能，這時你所渴望的認同感就會到來。別人沒有責任要告訴你說你很棒，是你有責任要這樣告訴自己。但諷刺的是，當你眞正重視自己的天賦才能時，別人也會感受到，他們也會跟著重視你的才能。你需要學習放掉別人的想法，只是這很困難，因爲你是用非常高的標準在看自己。是該珍視自己的時候了，這會是你做過最療癒的事情。而要讓你渴望的事物來到你身邊，珍視自己是關鍵。

在親近的關係裡，你可能會發現自己在尋求別人不一定能給的回饋。雖然別人不一定處在能夠給予回饋的狀態中，但那未必表示你們的關係有任何問題。當你展現自己的脆弱和柔軟，而不是像談論科學企劃一樣談論你的表現，如此，你才能讓自己更開放地去接受回饋。人們對寬大柔軟的心會最可能有回應。此外，在關係中，要記得，雖然改變和改善事物對你來說顯然是很容易的，但並不是每個人都如此，因此別因爲他人的步調而感到氣餒。

身爲5/2的關鍵在於結合你毫不費力的傑出才能，以及你協助他人的仁厚之心。當你這麼做的時候，那就是你的不菲價值。

6/2：典範人物

6爻：典範

賢者是天生帶有智慧的人。你誕生在這個世界上時，便已經擁有生命的智慧。但在你人生的頭三十年裡，你與內在智慧的連結尚未發揮作用，這時你會試著確立自己的目標和人生方向。你會做實驗，把你的能量投入到許多不同的地方、人們和機會裡，而且這是個很重要的過程。

但隨著你來到接近三十歲時，你會想要對你投入能量的事情更有選擇性，因為你知道什麼會給你帶來你想要的收穫而什麼不會。你開始想要讓自己能夠處於更為平靜和安穩的狀態，保留你在生命中獲得的好的部分，並且擺脫那些現在對你來說只會讓你脫離自身本質的雜音。通常是在人生的這個階段裡，你會意識到：「哇，我確實真的擁有智慧與直覺，我不需要再像以前那樣去向外尋求了。」

賢者的道路是關於不受到外在的干擾，回到與自己的關係上，並且依靠來自內在的智慧源頭，而不是把自己的力量與認可交在他人手上。在賢者的旅程中，他人必定會把你視為典範，但你必須是第一個這麼認定自己的人，這件事情才會發生。當你把太多焦點放在別人的行爲和想法上，你就會覺得沒有安全感；當你覺得自己的內在安穩了，並且排除了外在的雜音，你就會重新建立自己與內在天生智慧的連結。這份智慧對你自己的人生是有幫助的，而在你引導、分享和支持他人時，這份智慧也是絕對重要的。只要你能創造時間和空間去傾聽自己天生知道的事物，你就會被其他人視爲能夠景仰和尋求指引與智慧的人。

2爻：天生好手

你呈現出來的是個天生好手，意味著有某些事情是你毫不費力就很擅長的，不需要眞正知道你是如何變得如此拿手，也不需要向他人描述你是如何做到的。

這世界會有種壓力要你證明或說明你是如何有資格做這些事情的。別屈服於那種壓力。事實上，當有越多像你這樣的人坦承這是你們唾手可得的，我們所有人就越能意識到，我們並不需要像社會告訴我們的那樣去「努力贏得」事物。

展現你的天賦並非關於向外在世界學習。那是你天生就擁有的，你只是不知道自己是如何得到的。當你在做這些天生就很擅長的事情，你會進入一種境界，彷彿這項才能是從你體內自然流露而出。你在做這些事情時，有種無意識的感覺，好似你並非有意識地要它發生，但它就是發生了。在這種情況下，展現你的天賦才能可說是一種無意識的過程，只要你能夠創造時間和空間讓你可以進入這種狀態，它就會自然而然展現。但是，由於這是個無意識的過程，因此通常是他人比你更容易

察覺你的天賦才能，由此之故，天生好手通常需要來自外在世界的回饋，才能知道自己擅長什麼。

當你在你的空間裡做著自己的事情，你不喜歡被打斷或干擾，因爲你需要完全地把自己投入到你的工藝裡，不被拉離了正軌。因此你確實有點隱士的面向，因爲只有透過這樣的狀態，你才能夠完整地發展自己的才能。

當你發現自己覺得被打擾時，你可以重新調整。要記得，人們通常不是故意要打擾你的，而且你也要清楚地跟他們溝通你想要獨處。

當兩者結合

6/2是關於成爲你年幼時會期望存在的成年人——你生來是要成爲你夢想中的人物，而不是讓別人成爲你的夢想人物。在孩童時期，你已經是個權威，而且超級有智慧。你有天生的高標準、偉大的目標，以及美好的理念。你密切關注各種瑣事，並且有處理事物的天賦能力，這些都讓你成爲典範人物的完美人選。

你喜愛聚焦在深度和意義上，而當你接受這件事情時，你就是校準的。因此，別讓生命中的瑣事和不相關的面向拖累你，也別浪費時間去批判那些事情。身爲6/2是要把你的能量聚焦在看見自己能夠走到多高的層級，所以，別把能量浪費在你認爲別人不足的地方，這麼做只會讓你陷入非我狀態。

要記得，你這一生是關於真正並全然地閃耀自身非凡的光芒。你不是要和周遭的任何人事物比較，而是要和你內在的理想比較。

因爲你有著非常高的標準，因此從小開始你可能就會環顧四周，然後想說：「他們應該可以做得更好才是。」你這一生是關於實現你頭腦中所夢想的傑出特質。由於你是如此能幹，因而可能導致你一切都能自己來，並且還疑惑著爲什麼其他人都跟不上。這會讓你很有挫折感，懷疑自己何必這麼認眞。你要抗拒向這些想法屈服，因爲這是你需要學習耐心的地方。別屈服於挫折之中，而是要瞭解到別人的天賦是在其他的領域。當你想著「何必這麼認眞」或者「意義何在」時，重點並不在於他人的反應，而是在於你要不顧一切達到自身的理想。當你是如此能幹，又是如此追求完美，很重要的是別認爲自己高人一等。

身爲完美主義者的不利之處在於，你也可能成爲自己最嚴苛的批評者，因此，一方面你要知道自己有潛能可以成就非凡，但另一方面你可能會不停地質疑這件事。這也是你內在會拒絕允許自己完全展現偉大特質的一面，儘管內心深處你知道自己是做得到的。

在你生命的頭三十年裡，人生可能格外讓人困惑，因爲嘗試錯誤的過程可能會讓你不必要地質疑自己。要記得，那些試煉和磨難只是要來給你智慧，而不是因爲你有缺陷。要知道，質疑只是來自靈魂的推動力，要持續提高你的標準，持續地超越。要記得，能夠讓你消除疑慮的，就是去做那些符合你本質的事情，那些你眞正有能力和天賦去做的事情，而不是允許你的頭腦去過度思考。只有透過實際去做，才能讓你對自己有良好的感受，而不是只去思考和分析。

承接足夠的事物會讓你覺得有效率、受啓發並且有力量，但承接太多事物則會讓你開始覺得你承接的所有這些責任對你來說是個沉重的負擔，這兩者之間會有個微妙的平衡。要留意，如果是你自己承接的責任，千萬別去責怪他人需要你或者向你施壓。2爻和6爻之間有種分歧在於：2爻在你的內在會呈現無意識的不確定感，6爻則是永恆的樂觀主義。你可能會傾向把大小事全部一把抓的微觀管理，那本身並不是壞事，重點在於要用在對的時間點和對的方式。你會發現，只有在你覺得某人展現出值得信任的特質時，你才會下放責任。

在關係中，很重要的是別聚焦在他人不足的地方，也別去揣測他們為什麼這麼做。你也可能會試著一直想要改善他人。要留意自己的出發點是因為愛，而不是因為看不慣或想要控制。

你生來是要成為你夢想中最好的人，透過這麼做來向我們展示我們都能夠更好地提升自己。

6/3：負責任的冒險者

6爻：典範

你的內在自我是天生帶有智慧的。你誕生在這個世界上時，便已經擁有生命的智慧。但在你人生的頭三十年裡，你與內在智慧的連結尚未發揮作用，這時你會試著確立自己的目標和人生方向。你會做實驗，把你的能量投入到許多不同的地方、人們和機會裡，而且這是個很重要的過程。

但隨著你來到接近三十歲時，你會想要對你投入能量的事情更有選擇性，因爲你知道什麼會給你帶來你想要的收穫而什麼不會。你開始想要讓自己能夠處於更爲平靜和安穩的狀態，保留你在生命中獲得的好的部分，並且擺脫那些現在對你來說只會讓你脫離自身本質的雜音。通常是在人生的這個階段裡，你會意識到：「哇，我確實眞的擁有智慧與直覺，我不需要再像以前那樣去向外尋求了。」

賢者的道路是關於不受到外在的干擾，回到與自己的關係上，並且依靠來自內在的智慧源頭，而不是把自己的力量與認可交在他人手上。在賢者的旅程中，他人必定會把你視爲典範，但你必須是第一個這麼認定自己的人，這件事情才會發生。當你把太多焦點放在別人的行爲和想法上，你就會覺得沒有安全感；當你覺得自己的內在安穩了，並且排除了外在的雜音，你就會重新建立自己與內在天生智慧的連結。這份智慧對你自己的人生是有幫助的，而在你引導、分享和支持他人時，這份智慧也是絕對重要的。只要你能創造時間和空間去傾聽自己天生知道的事物，你就會被其他人視爲能夠景仰和尋求指引與智慧的人。

3爻：實驗者

你的內在自我是個冒險者和實驗者。你喜歡體驗許多事物，看看什麼可行、什麼不可行，並且從結果中獲得智慧。會阻止你眞正擁抱這項特質的主要因素，就是我們的文化並不認爲保持開放去接受人生帶給我們的教誨是有價值的。相對於實際去經歷人生，透過頭腦來理性地解析人生會讓我們感覺更有安全感。但是對於實驗者來說，你生來就是要相信人生是最好的老師，每種結果都蘊含著智慧，能夠協助你達到下一個層級。

你是要來勇敢跳入人生中的，因爲你必須品嚐人生，活出最豐盛的人生，這是你很深刻的需求。不可行的事物只是你邁向成功的另一個墊腳石。你越快去擁抱有些事物就是行不通的事實，你就會越快達到成功。你天生就是設計來經歷嘗試錯誤過程的，因此務必找到方法去感受嘗試錯誤過程的力量，並且把它視爲有趣、好玩的事情。要知道，嘗試失敗並不代表你很糟糕或你的人品低下，而是意味著你不害怕去嘗試，這是大部分人都很害怕的事情，但你是設計來要展現勇敢的。

當兩者結合

身為6/3，你超級有趣，也超級有智慧。你是個追尋者，但你給人的感覺也像一切都在你的掌握之中。這有時可能看似互相矛盾，但你的人生就是要讓這兩個面向結合在一起，你並不需要選擇其中一面。責任很容易會落到你身上，而且你也輕鬆以對。在此同時，你也想要自由的去探索，總是在體驗更多的事物。

關鍵是要記得，體驗對你來說是一種真正的享受形式。你不需要合理化，不需要把每件事情都賦予意義。你只需要相信，當你真正受到吸引去做某件事情並享受其中，乃是因為它之後會為你帶來回報，即使你還不知道回報是什麼。一切事物都會帶給你技能，讓你的人生更豐盛，讓你更敞開心房，或者協助你更接近你的人生目的。如果你受到某事物的吸引，然後接受它，其他人實際上也會對你的行動有正面的回應。

平凡乏味是6/3的敵人。你想要豐盛的人生，那就是你的設計，而且你也會帶出他人的這個面向。當你起身對抗人生平凡乏味的一面，要小心別讓這件事造成你的憂鬱。你可以對此不予理會，並且要記得，你總是能夠創造自己想要的樂趣。不論這個世界如何試圖拖累你，都要保持你追求樂趣和冒險的心。我們需要你保持在高點，那實際上就是人們最想在你身上看到的，而且那也是讓你覺得人生值得了的因素。

由於你人生的頭三十年是格外實驗性的，因此很重要的是，不要認為你經歷這些事情是因為你不知道自己在做什麼。人生中所有發生的事情都是在推促著你去活出最豐富的人生。別因此批判自己。把一切都看成樂趣，讓它協助你感受人生的驚奇，讓它協助你看見人生的甜美和誘人。你很幸運，因爲不論你經歷了什麼體驗，你天生有智慧的一面總是有能力去處理那些經歷，並且即時找到其中的道理，因此不像其他人要在事後學到教訓，你可以在事情發生的當下就「開竅」。

你內在有個聲音有時會告訴你說：「不只是這樣，人生應該還要更豐盛才是。」你內在的追尋者總是會告訴你「不只是這樣而已」。別讓這追尋造成你覺得自己很匱乏。那是來自靈魂的推動力，要確保你繼續活出最豐盛的人生，而只要你保持活躍，永遠都還會有更多東西等著你去探索。擁抱這件事。你能擁有這種永不停歇的擴張特質是多棒的一件事啊！

雖說總是還有更多的事情可以體驗，但這並不意味著你的現狀不夠好，或者你還要繼續變得比現在更好。你越是透過各種體驗來活出你的人生，你就越會記得自己原本就擁有這些深刻的人生智慧，從來都不需要去證明你是如何得到那些智慧的。

在關係中，儘管你富有冒險精神，但你實際上也想要安全與信任。你會需要和你的伴侶溝通這件事，因爲人們總是比較容易看到你外在的模樣，而不是看到內在的你。

你生來是要向所有人展示我們是有智慧的，並且總是要對人生帶著強大的玩心。千萬別妥協，你可以擁有一切，而且你也可以藉此提升所有的人。

7

你的天賦

你已經配備了必要且完美的天賦，那是你這輩子成就一切想望所需的元素。

因此，成功並不是要試著對某事物「變得擅長」，或是用和別人一樣的方式做事。成功是關於專注在你已經知道怎麼做的事情上，而這些或許是你從來都不曾重視或不曾認爲是自身優勢的特質。當我們展現與生俱來的特質，並且向整體貢獻這些特質，同時也允許其他人都能展現他們的特質，這時成功便能輕易達成。這就是完美設計的系統。

你與生俱來的技能和特質是這世界想要你展現的東西，不論這些技能和特質是以什麼形式透過你呈現出來，而去體現這些技能和特質是你眞正的「工作」。大多數時候，其他人未必會有意識地認知到那是他們想要的，但我們都有足夠的敏銳度能夠覺察到哪些人是眞正走在他們正確的人生道路上，而正是這些校準的人讓我們渴望獲得他們能夠給予的事物。

如何在人類圖上找到你的天賦

如果你去看你圖裡面的爻線，或者「閘門」，你會看到每一個都有對應的數字，每個數字都代表人類所擁有的一種天賦。

你有顏色的數字，就是你與生俱來的天賦。因此，你可以查看你有的數字，並且閱讀本章中對應的天賦，藉此瞭解你個人可以帶給這世界的魔力看起來是什麼模樣。

運用你的天賦

當我們運用自己的天賦時，我們也就是在活出自己的人生目的。而人生目的並不只是你的工作和生活而已。

對宇宙來說，你的整個人生就是一塊畫布，是讓你可以展現自身天賦的地方。因此，你的天賦能夠協助優化你教養小孩的方式，和朋友、情人、陌生人互動的方式，以及協助你創造最大的成功。

當你停止用你認爲「必須」的方式來試著把你的工作和關係經營好，停止強迫自己採用外界告訴你「應該」使用的方式，那感覺就會像是你跳到河流的下游，一切事物都會加速往好的方向發展，一切都變得毫不費力，因爲你終於是用你被設計的方式來經歷人生，而那就是你來到這裡所要做的。

當然，就算你沒有眞正做自己，也是可能會賺到大把鈔票而且兒孫滿堂，但是你必須要活出自己眞實的本質，一切才會變得更輕鬆、更有滿足感。

想想看，試著要成爲與你天生本質不同的人，是需要付出極大努力的，而且在內心深處的感受也沒那麼好。

兩個人可以擁有相同的房子、工作和家庭，但如果其中一個是透過完整的眞實本質做到的，另一個則只展現了部分本質或是透過制約的狀態來實現，那麼，第一個人實際上才能夠更享受自己所建造的人生，他們的內在也會更快樂，感受更美好。

如何「看見」你的天賦？

那些你不假思索就能做的日常平凡小事是什麼？它們就是你的天賦。

你是否發現自己很容易對事物感到有熱忱？

你是否會去探索未知事物，瘋狂地研究各種東西？

你是否能夠輕易地凝聚人們？

想想你最喜愛的藝人，你會覺得他們閃耀著光芒，這是因爲他們的熱忱。或者想想公司裡擁有相同天賦的人。並不是每個人都會擁有那項特質，但當你在某人身上看到那特質，你就會知道那感覺就是對的。那是具有磁性的力量，而當你眞正清楚自己與生俱來的天賦時，你也會擁有這樣的磁性。

那並不是每個人都能做的事情，因此那是他人會想要或需要從別人身上獲得的東西——要從你身上獲得。

就算把任何「小」天賦無限放大，你還是會覺得它們「沒什麼」，那是因爲它們是你的特殊能力。當你信任這些能力並和他人分享，它們看起來就會像是純粹的奇蹟。

信任你能輕鬆上手的事物

在太多的情況中，我們都不認爲自己的天賦很特別，因爲它們對我們來說唾手可得——我們可以隨時取用它們，而且我們會認爲其他人也都很擅長這些事。我們都被教導去相信，要付出極大的努力才能實現我們的夢想，但實際上並不是這樣的。當然，這會需要你專注聚焦把能量投入到事物當中，但你可以透過宇宙想要你運用的才能來做這件事。

天賦的配置是完美的

在地球上所有可取用的天賦中，你得到的天賦就是你所需要的，並沒有任何天賦是你不需要的。對你的母親、姊妹、伴侶、朋友來說也是如此。因此，我們並不需要成爲不屬於我們的模樣，而且如果我們全都試著要成爲別人，對每個人來說是很沒有效率的，因爲那會是很糟糕的資源和任務配置。

天賦加上熱情等於完美的人生目的

你的天賦不會告訴你，人生中哪些領域是你有熱情的——你的眼睛會告訴你這件事。它們是那些會吸引你的、你感興趣的、你可以整天學習和討論的東西。

你的天賦會告訴你要如何把自己投入其中，以及要在那領域中付出什麼才能從中取得成功，因爲你會提供你能帶來的最好價值。由你擅長的事物來引導，一定是你能獲得接納的最佳方式。

比方說，你熱愛占星（如果你很擅長解說事物），那麼提供一對一的時段，可能是運用你的時間最好的方式。但如果你是很棒的藝術家，那麼爲人們繪製美麗的客製星盤，讓他們能夠掛在牆上，或許是比較適合你的。

如果你是個律師，而且你有著凝聚人們的天賦，那就把這樣的天賦運用在解決離婚和紛爭案件上。或者你可以在團隊中協助凝聚每個人的向心力，這也會協助你在事業上的成功。

活在現在這個時代最棒的事情是，你可以把自己有熱情的事物和自己的天賦用任何你可以想到的方式做結合，並且變得超級成功。

如何把你的天賦最大化

在今天的世界，我們相信和一百萬人分享會好過只和一個人分享。但有可能只和一個人分享你的獨特天賦，對你來說才是更校準的做法。在這種情況下，跟試著盡可能接觸最多的人比起來，只和一個人分享反而能讓你取得更多的進展。分享的質重於量，重點在於你校準的分享方式，而不是分享的數量。

有愛和仁慈並非天賦，那是我們內在深處天生的本質，那是你內在培養的特質，並且賦予在任何你所擁有的天賦上。你越能眞摯地分享你的天賦，你的天賦就會有越大的展現空間。

你之所以看不見自己的超能力，
是因為那對你來說是唾手可得的，
所以你以為別人也都有這能力。
但他們並沒有。

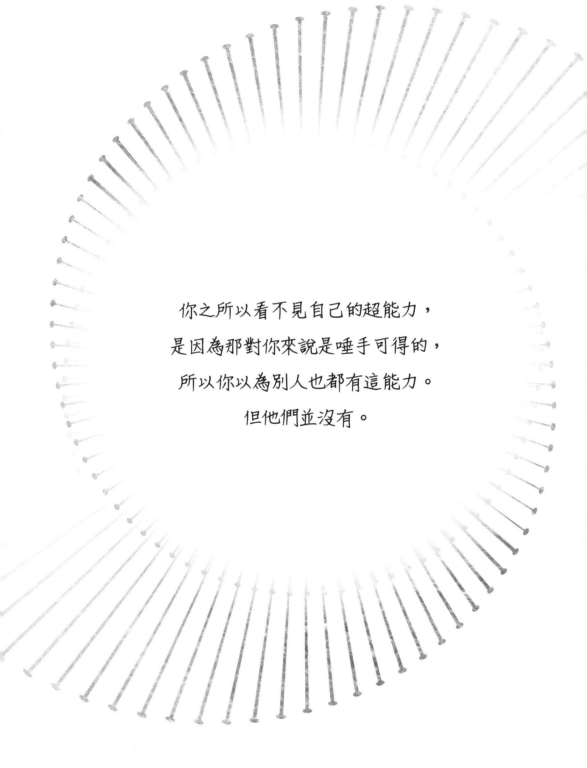

天賦 1 新穎與原創

想想天賦1的能量：它在所有其他的數字之前，不需要依靠任何天賦在它之前出現。這就和你一樣。你是個極度個體且獨立的人，需要經常想到新的東西或者爲新事物作出貢獻，才能眞正感到活躍和快樂。

在任何東西成爲現實之前，必須先有構想和創意。這也是爲什麼天賦1是人類圖中最有創意的能量。這創意不僅是指藝術創意，這是關於把新產品、新服務、新的做事方式帶到地球上的創意。

當你感覺自己有清新和新穎的事物能夠聚焦時，會是你最快樂的時刻。

反過來也是成立的。每當人生開始感覺一成不變或枯燥單調，你可能會開始覺得你的生命和喜悅都被抽乾了。由於這個緣故，當你對新事物的想像沒有得到灌溉時，你可能很容易感覺憂傷或抑鬱。

如何展現此天賦

要記得你的個體性

社會經常會說服你說，和大多數人一樣是比較好的，但對你來說，很重要的是注意到自己不平凡的一面並加以強化。這總是能夠讓你感覺更強大、更有能力。

很重要的是你不能覺得自己在依賴他人，不論那是關於你的快樂（因爲對你來說，快樂來自你和自己的創意能力連結）、關於安全感或是關於金錢，否則會讓你感覺平凡乏味和被困住了，使你無法展現你的創意潛能。

讓很多人無法展現自身創意的原因，是害怕太過獨特會遭致拒絕、批評、或者跟社會或親近的人脫節。但這眞的是錯得離譜。當你分享你的光芒時，這是更深層形式的愛他人。你能進行的最偉大實驗，就是做最獨特的自己，並且發現這麼做會讓你所有的體驗都有所提升。生命經常會推著你前往那狀態，因爲在靈魂的層面上，你會感覺到沒能展現個體性會給你造成太大的損害。實現你此生的工作需要你感覺自己在某方面是走在最前線，能夠提出新穎的方式和想法。

如何解放此天賦

安然接受死亡與重生的循環

即使當你完全沉浸在自己的創意天賦裡並和世界分享，要知道，創意（以及快樂）會以你無法控制的方式流向你。在某些日子裡，你會在醒來時感覺超有創意靈感，也因此你會再次充滿興奮與喜悅，還有一些時候你會感受到缺乏靈感，也因此會有些憂鬱。這是每個人人生的一部分，但在有天賦1的人身上則會被放大。關鍵是要記得，這只是創意循環的一部分：由於天賦1總是在更新和重生，因此舊事物必須先死去或消失，才能爲新事物創造空間。

當你確實來到低點的時刻，要記得那並非「你的本質」，那只是環境的變化。那並非顯示你個人的模樣，並非意味著你在人生中的表現。只要你是投入人生當中的，而不只是坐在一旁觀看，不是害怕低點，不是試著想要避開它，那麼你就會是在正確的道路上。你越是往這方面靠近，你就越會感受到滿足與活躍，而且也會有越多的創意流向你。

總會有些時候你會感覺沒能連結到你的創意，沒能給他人帶來新事物。你可以利用那些創意波的低點作爲推動力，在你內在無盡的井裡耕深挖掘——對於生命中可能的事物，去想像你還沒想像過的東西。沒什麼比擴大自己的極限更讓你興奮的了。

別批判那些憂鬱的時刻，它們並不比那些喜悅的時刻糟糕。憂鬱是個跡象，在告訴你該往內在探索了，要更柔軟，要去探索那些感受，因爲那其中蘊藏著創意金礦和靈光乍現的時刻。你經常會在光明與黑暗、憂鬱與快樂之間徘徊，而這兩者是缺一不可的。

臣服於你的創意和波動

每當你感覺和自己的創意脫節時，就抽離並且獨處。如果你試著向外看，尋求世界來協助你逃離缺乏靈感或毫無生氣的感覺，雖然可能會讓你暫時感受到刺激，但要記得，你是要來帶出新事物的，而在這世界裡面的東西都已經是「舊」事物了。

眞正的靈感、天賦和活力都會來自獨處的狀態。

不論你是在團隊中工作或是自營工作者，你都需要有大量的時間是你自己獨自工作和創作的。在關係中也是如此。你需要有獨處的時間，因爲那會強化你和自己的連結，強化你和自身思緒及想法的連結。

天賦 2

為事物賦予形式

帶有天賦2的人，擁有務實、組織的才能，並且能夠把概念轉化爲現實。

每個人都喜愛待在天賦2身邊，因爲他們是偉大的執行者。如果你帶著很棒的想法來找天賦2，他們會知道你需要什麼來實現那個想法，而且也知道要如何讓它看起來很不錯。

他們可以毫不費力地看見概念和夢想要如何實現。當然，有想法是很棒的，但是要讓想法實現，你就需要爲它賦予形式，不論是透過一個架構、一項計畫或一個載體。

每個有天賦2的人都有著獨特的方式能把形式帶入概念裡，這完全是他們專屬的個體性。

如何展現此天賦

把你的天賦保留給獨特的事物

理想的狀態是要提供架構和形式，但只有在你分享你的才能或特定天賦時才這麼做——別讓它遍佈你生活中的每個領域。比方說你很擅長架構一項交易，而且你是從事這種工作的，那麼你可以用它來協助你的伴侶規劃他們在製作的企劃，但是不要認爲你也需要告訴他們該如何採購食品。但如果你的專長是在食品和營養，你當然就可以協助他們以更好的方式採購食品，而且或許你也可以爲他人提供這類服務，賺取報酬。保留這項天賦，不把它浪費在錯誤的事物上，是可以讓你的才能更上一層樓最簡單的方式，因爲你能夠藉此釋放出新的潛能。

如何解放此天賦

不依靠他人

組織和秩序的負面呈現就是控制。天賦2很容易會承擔起責任去指導周遭的每個人，而這可能導致他們認爲自己總是必須控制一切，才能讓事情順利進展。他們可能進入一種情境裡，認爲其他人無法獨立做任何事。更糟的是，他們不相信有一股看不見的力量在發揮作用，有比任何人類都更強大的力量持續在支持著他們。諷刺的是，當我們越覺得自己需要緊緊掌握人生，我們身邊就會有更多的證據出現來確認這件事：除非你努力推動，否則就沒有同步的空間，事情就不會毫不費力的解決，就沒有事情會「發生」，以致你持續相信必須如此。

然而，當你只有在確實有幫助時才去運用自己的天賦，你也就活出了你的人生使命，而且沒有把天賦浪費在你不該去介入的事情上，這樣一來，你也實際能夠進一步大幅發展天賦2的才能，而生命中的其他領域也都會自動到位。

即使事情在你看起來是「失序狀態」，它們實際上仍是完美有序的，因爲挑戰、問題、谷底都是來刺激我們學習新事物和促進新成長的，它們是要來推動我們朝著眞正美好的事物前進。

當你看到一個問題時，要練習詢問說，那可以推動你前往什麼好的事物？當然，挑戰和問題都是我們可以轉化的東西，但我們也不想要太快就把它們塡補起來，這樣反而會讓我們錯失了學習的機會。至於他人的混亂，有時候我們能夠給他們最棒的禮物，就是能夠自行處理這些情況的能力，不需要他人的介入，好讓他們能夠獲得在另一頭等著他們的大禮。

天賦3 創新

天賦3的人是要來將混亂轉爲好事的。人生或人類體驗中有個面向，是你要來把它轉化成更令人愉快的事物。

爲了讓天賦3的人能夠這麼做，生命會透過那個面向讓他們覺得非常麻煩和痛苦而想要加以改善。影響你最深刻的事物，就是你最想要改變的，這不僅是爲了你自己，也是爲了所有人。但是在通常的情況下，你會先想要爲了自己去改變事物，而且生命很可能會讓那件事在個人層面上造成你的痛苦和憤怒，好讓你眞正熟悉它所帶來的負面感受。

如果你曾經想要釐清你在生命中的貢獻是什麼，那就想想生命中有哪些面向是眞正讓你惱火的，眞正讓你感到挫折或不悅的，讓你感覺像有個路障擋住了你的去路。盡可能地回想到最久以前，因爲可能打從你有記憶以來，生命就開始帶給你這些麻煩事了。

這項天賦是關於克服一開始的困難，並且利用它作爲指標，找到可以消除困難的東西。

你是要來引進新的處理方式、新的解決方案、新的產品或服務，或者新的做事方式、新的接觸或理解方式。

如何展現此天賦

別在製造問題的層面上去解決問題

這項天賦確實與創新和理想連結，因此，很重要的是你要根據自己的夢想情境來創造新的替代選項，而不是嘗試在當前問題的層面上去做思考。

提升你的觀點，從那個角度來看問題。詢問你自己，如果從頭來過，理想上你要怎麼做這件事？

和你理想主義的那一面保持連結是很重要的，因爲對你來說，擁有樂趣是關鍵。把這個發明和創新的過程看作是一場玩樂，而不是一種責任或重擔，敞開你的心胸，你的能量也會隨之敞開去接收更多這類的天賦創新。如果你不這麼做，事情就會開始感覺艱難和沉重，因爲要記得，你是設計來特別留意我們目前做事方式中的麻煩和不完善之處。要知道，這一切都是來刺激你邁向成功的。如果原本一切就很理想了，我們甚至就不需要來這裡。而且別因爲你在過程中會有的負面反應而感到自責，因爲那些反應是激發你天賦才能的關鍵。

要成爲你最創新的一面，關鍵在於不要停留在過去的信念或原則上。你在更高層次上有了新觀點，那些舊觀點已經不再適用。因此要持續拋棄舊版本的你，這會有助於持續提高你的層次。

如何解放此天賦

與混亂共舞

我們都被教導要害怕混亂，因爲那意味著某事物或某人是「錯的」或「不好的」，但這可能會阻礙你展現天賦才能，因爲理想上，當天賦3看見混亂時，他們會直視混亂，因爲他們把混亂視爲通往發明和創新的入口或機會。你對混亂可能沒有明顯的「害怕」，但要留意那些你可能無意識忽略混亂並且繼續前進的時候，或者對混亂感覺無能爲力的時候。

負面的事情發生並不是要讓你成爲受害者，它們進入你的人生是要給你力量，讓你與自己的天賦才能重新連結。宇宙實際上會先創造解決方案，然後透過「問題」作爲引導我們去到那個解決方案的途徑。因此要記得，連結到那個痛苦和麻煩並不會造成壞事在你身上發生。

想像你在高位，而問題在下面，在你的腳邊，在服侍著你，透過此方式在問題和你之間創造空間。問題從來都不會比你大、比你可怕，也從來都不是帶著詛咒的審判。它其實是僞裝的光明。

天賦 4 邏輯才智

天賦4的人擁有天生聰明且強大的頭腦。

你很擅長邏輯和分析，你甚至不需要給你的頭腦做任何訓練。去檢視任何你感興趣的主題，解構該主題的所有面向，並且在過程中獲得理性的結論，對你來說是很大的樂趣。

你可以看著複雜的情境，把重點從混亂中分離出來，並且看到該情境想要傳遞的所有重要訊息。你可以拆解事物並找出眞相，不論那是關於人類行爲、金融市場、或是任何你喜歡透過頭腦分析的事情。

更有甚者，你的分析和思考能力是無止盡的，你的頭腦在尋找眞相方面是從不停歇的。你可能認爲每個人都有這項能力，因爲這對你來說是輕而易舉的事情，但是要記得，世界上大部分的人無法做到你能做的事情，而且你的理性頭腦對世界上其他的人來說是有其眞正價值的。

你是要來帶給我們對事物的洞見，而那是我們自己無法看見的觀點。

如何展現此天賦

接納你的邏輯腦

當面對你感興趣的主題時，你的頭腦基本上不會感到疲憊。很重要的是你要意識到，不倦的頭腦是一種天才的形式，而它帶給你的洞見和看事情的方式是其他專注力較短的人無法看到的。你對探索的耐心以及對理解事物的意願，是上天給予的禮物——不僅對你是如此，而且也呈現在你用它來對人生做貢獻的方式上。

我們生活的世界已經很重視邏輯思考與推理，因此你在發覺和接受這項天賦方面大概沒遇到什麼問題——除非你很害怕有這麼敏銳的頭腦，因爲制約告訴你說這是不好的或不安全的。

或者，有時候如果你感興趣的事物在傳統上並不是大家認爲「聰明的」事情，像是室內設計，你可能就不會認爲自己的頭腦運作是格外具有邏輯和洞察力的。當你認知到自己這方面的能力，而且你也「接納了」自己這個部分，它就會閃耀光芒，他人也就更有可能想要取用你的才能。

如何釋放此天賦

運用邏輯來處理所有事物

要眞正強化這項天賦的關鍵是，知道可以在哪些情境裡運用這項才能，以及哪些主題並不適用。

你的頭腦是如此聰明和敏銳，可以提出精細且無懈可擊的邏輯來支持任何你想要支持的事物，不論那背後的動機爲何。如果一個天賦4的頭腦覺得沒有安全感，它可能就會運用出色的邏輯來辯證或合理化這些對他人或對事物的負面感受，並且用有說服力以及完美架構的方式呈現其論點，向人顯示這論點是「有道理的」。但雖然這論點有道理，未必就意味著那是眞相。

諷刺的是，當你放掉了需要把一切放入框架內，或者把事物分析到極致來取得安全感，反而就會有更多的訊息向你顯現。關鍵在於，當你感覺不安全或不確定時，別依靠頭腦來安撫你，而是把頭腦用在眞正引起你的興趣或讓你著迷的主題上。

你的挑戰是要辨別你的情緒和你的邏輯之間的差異。

你可以辨別情緒的反應，也就是你會被引發情緒感受，而不是以中性抽離的態度來看一件事。當情緒介入時，就不是適合天賦4發揮的地方。當你感覺被激起了情緒，或者對某事物感到不安全，要抗拒想透過頭腦把這些感覺合理化的衝動。雖然這麼做可能在當下讓你感覺好受一些，但長遠來看，這會讓你更緊抓住這些感覺不放，那終究對你沒有幫助而且是不好受的。當你把負面感受合理化，你也就是把那感受變成了事實。然而當你抽離，想出不同的方式來檢視那感受，你也就可以爲未來的行爲創造出新的模式。

天賦 5 共時性

擁有天賦5的人能夠熟知神聖的完美時機，並且生活在生命之流中。當他們處於眞我狀態，他們便不會煩惱著要把自己的日常生活變得和他人一樣（例如：早上七點起床、九點到下午五點工作、下午一點午休）。他們的設計是要用非傳統的方式規劃自己的時間，而那是有好理由的，因爲那樣的步調可以帶出他們最好的一面。

在你的內心深處，你知道人生不該是一連串一成不變的日子，把我們變得如奴隸一般，而應該是更爲隨心所欲的流動。把自己套入嚴格的例行公事中，就很像馬兒戴起了眼罩，你沒有了同步的空間，也沒有機會投入自己感興趣的領域中，更別說讓這些事情帶領你去探索了。

天賦5的人知道我們不是要來被困在時間架構裡的，而且當我們放掉這架構，我們就更能夠直覺地前往我們當下受到吸引想要前去的地方。我們因爲事先架構好了我們的人生，因此失去了許多探索的機會，對天賦5的人來說，那感覺更特別有侷限性。如果你在這之前一直像世界上的其他人一樣在安排自己的時間，很有可能你會感覺自己的靈性被壓抑住了，而且也讓你的能量枯竭了。

如何展現此天賦

找到你的喜好

是時候詢問你自己：「什麼會讓我感覺更好？」或許你是夜貓子，或許你喜歡超級早起，或許你喜歡睡午覺。在時間的安排上，只要是讓你感覺很自然的事情，那就是你該做的。那是宇宙試著在正確的時間把你放到正確的位置上。

透過這麼做，你是要來向他人展示這種新的也更好的生活方式，並且遵循我們內在能量的模式，作爲把你的潛能和快樂最大化的方式。

這不只是關於爲了追求給你好感受的事物而要犧牲掉跟上世界的步伐，因爲當你夠勇敢能夠與日常例行公事脫鉤，你便能夠看得更清楚。你的意識會開始提升，你會開始看到許多你先前沒看到的事物，而這些是能帶你加速邁向成功的事物。

什麼阻礙了此天賦

過度僵化

如果受到恐懼的制約，天賦5的人可能會感覺到和自身設計相反的狀況，好似一切都沒了秩序，覺得除非堅守嚴格的規則，否則一切都不會順利。如果你有這種感覺，要知道那並不是「壞事」。你生來是要轉化這種內在恐懼，把它轉化成更好的東西，然後成爲其他人的模範。

對於那些努力要取得成功的人，我們通常會讚賞他們沒有把時間留給自己和留給不重要的小事。但這兩件事情其實完全不相干。舉例來說，邱吉爾在第二次世界大戰期間擔任英國首相，他依舊每天下午都有睡午覺的習慣，而且他還贏得了戰爭。

如果一個習性在召喚你，那是有原因的。別害怕去追隨那習性，你會看到它透過非常多的方式帶給你回報。你帶給他人的價值，是以你做事的品質和動機來衡量，而不是以你自我犧牲的程度來衡量。

天賦6 親密

擁有天賦6的人能夠毫不費力地與他人創造親近感和親密感。

我們大多數人都是帶著屏障在四處行走，藉此避免關係連結。而帶有天賦6的人則有著天生的溫暖和力量能夠打破這些隔閡，讓人們覺得夠安全，能夠放下自己的防備。這就是眞正的親密——能夠自在地做自己，不需要防備或保護。此天賦是關於打破自己的屏障，好讓你能夠展開關係連結。

如何展現此天賦

允許自己用比「正常情況」更深刻的方式建立關係連結

別懷疑，這是你可能擁有最寶貴的天賦之一，不但能爲你的關係帶來意義和深度，也能協助你實現你的夢想。當你不害怕和任何你可能遇到的人創造親近感，像你這樣溫暖的人，便能夠吸引人們和機會蜂擁到你身邊。這需要全然地接納自己的本質，好讓你能傳遞這樣的訊息，也就是你對於自身眞實的本質感到全然的自在，而這也會爲你所有的人際互動定調。你就是定調者，所以務必確定你是在正確地運作，如此，這就會成爲你最棒的資產之一。你可以穿透直達他人的眞實自我，透過你的核心和他們互動。這並不是你需要強迫展現的，而是你需要允許自己呈現出這一面，因此，你需要避免阻擋了自己。

什麼阻礙了此天賦

討好他人

帶著這個天賦，你是普遍會受到他人喜愛的。這個天賦的負面表達就是太習慣被他人喜愛，因而你會用這一點來確認自己的價値，這使你變得會去討好他人。而這麼做會限制了天賦6，因爲如果你以「被喜歡」爲目標來和人互動，就會阻礙了你與他人連結的天賦能力。

把別人推開

另一方面，和他人非常親近會讓我們覺得自己很赤裸，會有被批評或被傷害的風險。有時候，偶爾保持距離或者保持冷淡，以此作爲一種保護，是會比較自在的。

在你的生命中，可能帶來最大療癒的是當你決定說，「沒錯，這很可怕，但是這可能會帶來深刻的愛和親密感，它是很値得的。」

不必要的咄咄逼人

打破與他人的隔閡這種能力，也會給你的存在賦予一種力量。另一種可能誤用此天賦的方式是施加過大的力道，太過於咄咄逼人，或者經常與他人發生摩擦，因爲這麼做會讓你感受到自己的能力和力量。這並不是眞實的力量。請務必使用你的能力去深刻觸及他人的靈魂，並且在你所到之處留下好的足跡。

天賦 7

正直與美德

有這項天賦的人是要來成爲典範，在他們做的所有事情上都保持正直。他們的靈魂有種正直和純潔，因爲做正確的事情對他們來說是很重要的。在可能讓他們受益的事情，以及做他們所知的正確事情之間做選擇，是完全不需要思考的：他們一定會選擇做正確的事情。

在這一生中，你是要來成爲行爲的模範。這使你成爲一個領導者，因爲其他人會看見你對自己的高標準要求，人們會把你視爲是可以帶領他們改善自己的人。你可能從來都沒被選作領導者，或者從沒想要當傳統上所認定的領導者，但當你擁抱這項天賦時，他人會把你視爲有美德的模範，是他們可以仿效或是可以作爲指引的人，藉此來協助他們在這世界上的表現。

如何展現此天賦

成為正直的典範

不論你已經有多麼正直，要知道，還是有更高的層級能夠提升。要留意那些可以協助你更爲正直傑出的小事物，讓你成爲你會尊敬和景仰的人。詢問你自己：「那個模範版本的我在這件事情上會怎麼做？」然後就去那麼做，並且不斷重複這個過程。

一旦你想出了要如何做得更好，你也就解鎖了內在的能力，能夠去做那件事情。

什麼阻礙了此天賦

對美德的制約批評

我們都被教導說，天生有美德的人比那些後天學習美德的人更優秀。在帶有天賦7的人身上，這可能有兩種呈現方式：

1. 害怕成為閃耀的模範，因為比他人優秀意味著：
   - 害怕別人會看著我們然後想說：「他以為自己是誰啊？」
   - 害怕這會造成我們與他人之間的隔閡，或者太過鶴立雞群，而我們會認為這等同於較不被愛。
   - 認為成為我們最棒的自己是「不好的」。
2. 你唾手可得的美德特質，使你覺得自己高人一等。對他人來說，美德得來不易，而這正是你被賦予的天賦，因此你也可以協助提升他人。他人也會有擅長的事情是你不拿手的，因此我們都是要來分享我們擅長的事物的。

天賦 8

風尚開創者與行銷人

帶有天賦8的人對於風格和美感有著獨特的眼光，他們可以看到美的事物，並且是要來協助我們也能看到那些事物，而這是爲了我們自身的益處和樂趣。

擁有天賦8的人會用他們最具吸引力的方式向他人呈現他們喜愛的事物。不論是否是自己創作的事物，對天賦8的人來說都無所謂，他們只想要成爲品味風尚的開創者。在這地球上被創作出來的任何東西，不論那是一項產品或服務、一件藝術或衣物，都需要一個能夠引領潮流的人來把它帶給可能對它有興趣的人。這是你發光發熱的地方，因爲你能夠在美麗事物的汪洋中篩選出一樣東西，然後把它呈現給可能想要它的人。

如何展現此天賦

理直氣壯地創造你的美麗人生版本

就像所有的天賦一樣，這個把更多美好事物帶到他人生活中的能力，是你能爲自己人生的所有領域都增添價值的地方，不論那是在工作上、在情人關係上、還是在生活中的各個日常時刻裡。舉例來說，花時間打點自己的外表和穿著，並不是膚淺的使用時間方式。這麼做讓你能夠展現你的天賦，正確地向他人宣傳你的能量。

別因爲你喜歡向他人展現美好的一面而感到羞愧。這並不虛假或不眞誠，而是出自眞正的熱情和喜愛。人們未必都知道自己喜歡什麼，因此會想要透過你的眼光來找到他們想要的東西。

在更高的表達上，這個天賦和自己本身的個人品味是有所連結的，不需要和大眾一致，也不需要去說明自己的品味。你越是去接納自己的個人品味，你就越能展現這項天賦的影響力，這意味著會有更多的人受到你的吸引，想要你給予風格和美感的指引。

什麼阻礙了此天賦

追求受制約的美感標準

在其低階的表達上，這項天賦會過度擔心能否融入群體，並且會跟隨傳統上所認同的美感標準。這可能導致他們過著非常表面的人生，焦點全都放在很膚淺和造作的事物上。

美本身並不膚淺，那是我們來到這世界上的主要原因之一（要擁有和體驗美好的事物）。但當擁有天賦8的人過度擔心社會的標準，他們的品味就會被外在世界所主導，讓這項天賦失去了應有的深度。

天賦8的人擁有強大的辨別力，而這種能力有時可能會導致他們對於那些不像他們那麼重視品味和風格的人有種輕蔑或批判。要記得，如果每個人都有像你一樣的天賦，你就沒什麼價值能帶給這個世界了，所以，別人沒有這個天賦實際上是件好事。

天賦 9 動能創造者

帶有天賦9的人會發現自己很容易專注聚焦，並且致力於讓自己的夢想實現，而且他們會留意實現夢想過程中任何最細微的元素。

一個小小的行動，做一次並不會帶來什麼效果，但天賦9的人知道，一旦你把某件事做過一次，你也就爲它創造了一個模板，隔天要再做一次就會變得容易許多。到最後，在重複做過許多次之後，做這件事幾乎不再耗費你任何能量，然而卻能創造出動能，事物會呈現指數性的累積。你有力量在人生中產生許多自動化的狀況，使得你幾乎不會感覺事情帶來什麼壓力。

動能的定律就是你越常做某件事，做那件事就會變得越簡單，你需要投入的能量也會越少。因此，天賦9是眞正熱愛效率的人，因爲成功實際上就是來自你達到最具能量效率的狀態。

如果這是你，你可能會想說：「不是大家都這樣嗎？」答案確實不是。並不是每個人都能深刻地瞭解這個原理，而你是要來精通這個原理的，進而讓其他人能夠受惠。

要記得，即使是日常想法、意圖和行動中最小的改變，也可能讓事情大大轉向——今天轉個一度，就能徹底改變目的地。由於你有能力看見這些微小的細節，因此要善加利用。梳理所有屬於你的小事物，也梳理你經歷一天的方式。

由於我們的天賦能運用在生活中的所有領域，因此天賦9的人也能夠看見他人需要執行或改變的細節，好讓他們去到想要去的地方，不論那是關於事業、愛情或健康目標等等。你能夠做這件事的領域，就是你本身很有熱情的領域。

背後的動機會讓跨出去的第一步非常強大。一旦你清楚了自己背後的意圖，天賦9幾乎不需要任何鞭策就能持續做那件事。你會產生自然的動能。

如何展現此天賦

把焦點導向你喜愛的事物上

雖說你能夠專注聚焦在事物上，並不意味著你一定要這麼做。只要我們努力做事，不論那是什麼事，這世界都會稱讚我們。但如果想要你的努力確實帶來好的結果，你就必須確定你投入的是你眞正深刻有共鳴的事情，而不只是表面程度而已。

你以前大概曾經投入時間和能量想要眞正去推動某事物，結果卻發現那事物沒能眞的帶給你滿足感，然後你就得耗費更多的能量試著去解開或擺脫它。這並不是天賦9理想的樂趣。透過在一開始時花時間正確地引導你的能量，你就能夠避免之後遭遇浪費時間和心痛的情況。

什麼阻礙了此天賦

過於聚焦在成功與否

我們知道第一步總是最困難的，但天賦9的人也想要第一步很容易（畢竟他們熱愛效率，而且討厭浪費能量）。

因此，有時候他們可能因為第一步相對無效率而覺得興致缺缺，這可能造成他們不願推動事物開始，以致可能呈現出天賦9的人毫無生氣或缺乏熱情。能量會帶動能量，但相反的情況也成立。你拖得越久不去展開事物，要推動事物開始就會變得越困難。

要不斷提醒自己，一項企劃、努力或新習慣，剛開始起步總是最困難的。但是，開始一項旅程所需付出的努力是不會一直持續下去的！

太過擔心要如何成功，會讓你被困在頭腦中。對你來說，關鍵是要聚焦在你的身體習慣和行動上，而不是去思考太多。不論你設計中其他的部分是什麼狀況，你都有這種持續的力量可以去投入到你的目標裡。

天賦10 熱愛人生

天賦10想要與人生相愛，想要感受人生的美好與驚奇更甚於任何事情，而這也是他們生來要展現的。

天賦10知道熱愛人生是你時時刻刻都要練習的事情。這不是某些特別的人在達到某些成就後就自然會擁有的。而練習的方式就是要有所覺察，看到自己此時此刻會存在於這裡，是非常神奇、非常神聖、非常不可思議的事情。

天賦10能學到的課題是，這些美好和驚奇是一直存在的。當天賦10處於最佳的呈現，舉例來說，他可能在機場而飛機延誤了五個小時，或者正在經歷分手，他會實際投入去生活在真實情境中，而不是活在頭腦想要告訴他的負面故事裡。

如何展現此天賦

擁有天賦10的人會被生命點燃活力。透過此狀態，他們也可以讓其他人感覺更有活力。

天賦10讓我們看到擁有人生是多麼不可思議。每當他們有這種感受時，他們也會散發出這種氛圍。他們未必需要透過教導或直接告訴人們這些。這是一種細微的能量作用。你可以是花店老闆，透過美麗的花束，你能夠讓他人感受到人生的美好；或者你可能是個牙醫助理，那都沒有差別。這是有感染力的能量，即使你沒有此意圖，也會散播自己的能量頻率。

試著沉浸在當下的人生當中，而不是去想著還有哪些事情是你沒做過的、是你需要去做的、是會創造快樂人生的。

如何解放此天賦

天賦10的訣竅在於，要記得，熱愛人生是源自於覺得能活著是很幸運的，要沉浸在你當下所經歷的事物裡，而不是要去遠征某個你告訴自己要去達到的目標。

當天賦10的人處於愛人生的過程中，但他們還沒完全感受到這點，他們便會傾向看著自己，思考著他們做錯了什麼以致無法獲得快樂。他們會想說：「當我做了這個改變，我就會更快樂。」然而，只要對生命的愛是根據某種想法認爲人生應該看起來是什麼模樣，這就不是對活著本身眞正的崇敬和尊重。

由於他們非常渴望這件事，因此他們通常會去探索任何他們認爲可以幫助自己的管道。他們最終可能變得以負面的方式著迷於靈性工作或個人成長，藉此確認自己距離眞正的快樂還有多遠的路要走。

他們也有可能變得執著於自己的身分認同，想要維護自己的身分認同，想要知道「自己是誰」

並且貼上標籤，或者害怕他人可能奪走他們的身分認同或奪走他們的自由。

儘管這些情況看似不同，但它們實際上是一體的兩面，也就是自我沉迷於追求快樂。

要記得，許多人已經擁有你所渴望的事物，但他們依舊沒有感受到人生帶給他們的活力。這是我們存在的自然狀態，但我們在成長過程中把其他事情放到優先位置，因此也就放掉了這種自然狀態。你是要來找回這個狀態，並且協助其他人也這麼做。

天賦11 充滿想法的人

天賦11是經常充滿新想法的人，不論那是關於產品、服務或創作的想法。你被賦予這個天賦，要成爲從源頭接收概念和想法的人，而這不只是爲了你自己，也是爲了別人。

你可以把這件事當成事業，因爲這世界非常需要更新、更好的產品和服務，好用來協助創造一個更美好、更幸福、更運作順暢的世界。

這些想法並不是以文字的方式出現在你的頭腦中，而是以抽象的洞見或影像片段出現。這是因爲想法是源自未被看見的世界，直到像你這樣的人接收到它們，或者把它們連結到頭腦的世界裡。你可能甚至沒有意識到這件事，因爲你能夠很輕易地把它們轉化成完整的概念。但要知道，你在其中展現了轉化能量爲形式的技能。

你可能認爲有各種想法是很有趣或者很容易的，畢竟每個人不都是這樣嗎？答案是否定的。舉例來說，有些人是很棒的執行者，但他們非常渴望能有好的想法可以讓他們去實現。

如何展現此天賦

清空你的頭腦

你的頭腦越是清空，就越有空間能夠下載持續的概念流。清空頭腦的做法會排除分心和負面的想法迴圈，讓這項天賦能夠更容易流入。

別施壓要想法出現

想法自發且自然地進入你的頭腦，和強迫要產生想法，這兩者之間有著巨大的差異。你並不需要「獲得」想法，你只需要夠清空，讓想法能夠自然流入。如果你不去緊抓住任何想法，還會更加分。

分辨每個想法是為誰存在的

有時候，頭腦中出現的想法是和你自己、你的人生以及你的工作有關聯的，但還有些時候，那些想法跟你毫無相關。若要透過這些想法創造最大的成功，就要覺察哪些想法是你覺得自己要去執行的，而哪些想法是你可能可以給予他人的。

什麼阻礙了此天賦

質疑想法的有效性和潛能

有這項天賦的人很常見的情況是會覺得那些想法很愚蠢、沒有潛力、沒有發展性或者「不切實際」，因此他們會開始認為沒有必要去處理那些想法。

你需要知道的是，那些想法不是來自你自己，而是來自源頭透過你呈現出來。因此，即使你認定自己是個不切實際的夢想家，然而這些想法並不是來自你的那個面向，它們是由神聖的能量源頭所創造的。我們周遭隨時有數以百萬計完整的構想等著某人來接收，而你的天賦就是特別擅長接收這些想法。

當你無法看見接收想法的才能有多特別，你就不會針對這些想法做任何事。如果你沒有把這些想法傳遞出去，它們就會聚集在頭腦裡頭，形成阻擋的能量，使得你能接收新想法的空間越來越少，讓你覺得自己停滯不前而且缺乏靈感。

要信任你所接收到的這些影像和概念，知道它們出現在你頭腦中是有其意義的。它們是你要對這世界所做的服務之一。

天賦 12

受生命深刻感動的能力

你能夠深刻地受到藝術和戲劇感動，不論是在創意中或是在生活中。然而，不論你感覺人生有多麼混亂，在別人眼中，你都是以迷人、優雅的方式在經歷人生。你是要來因為藝術和人生而受到深刻感動的，並且把這份感動傳遞給他人，不論是透過你的笑聲、你的眼淚、或是透過表達事物給你的感受。當背後連結了眞誠的心，語言和行動就能格外打動人。我們都被教導說，和堅忍剛毅且不流露情感的狀態比起來，太容易感動是較不受尊敬的。但你必須知道，當你全然臣服於戲劇當中，臣服於你的情緒感受的起伏跌宕當中，那就是你身上的寶藏，而且這種你甚至沒有意識到的優雅和魅力，就是要來讓他人受到你的吸引，好讓他們也可以因為你所表達的智慧而受益。

如何展現此天賦

在你的情況中，智慧並不是你知道的事情，而是你的感受。並沒有科學或證據證明你分享的事物對他人有益，而且你也未必能看到那會如何讓人受益，特別是在剛開始的時候，你會覺得那根本沒有任何價值。

但要知道，大部分的人在人生中都是呈現沉睡的狀態，因爲他們並不去感受。而當你完全地感受時，會有助於他們重新連結自己的感覺，透過你而品嚐到那是什麼樣子。你啓動了他人的情緒身體。你對事物的反應可能比其他人更深刻或更極端，但那是因爲必須要夠強勁才能把他人喚醒。

你有能力和勇氣被一首歌、一次心痛給徹底改變，而那也會讓他人更深刻地感受到「活著」這件事。這會協助他們打開自己的心房。那份輕鬆感是要來協助對深刻事物的表達不會感覺那麼沉重和令人畏懼。

你有一種純眞感，因爲你不會抑制自己的反應來適應社會。你仍舊以非常純粹的方式連結內心。

至於要如何展現這項天賦，那就是純粹排除任何對於這種運作方式的批評。當你把它看作是一項美好的天賦，它就會在你帶給這世界的所有事物中反映出一種力量，讓他人更容易受到你的吸引。

什麼阻礙了此天賦

這部分的你讓自己非常的純眞，但小心不要讓這一點說服你的自尊心說你比其他人更純眞，也比其他人更好。他人有他們連結到純眞的方式。

你也可能會因爲情緒起伏很大而受到批評，因爲這個社會更重視能保持冷靜的人。別落入那陷阱當中，別變得枯燥單調。享受情緒一團糟的狀態，沉浸在人生的各種情緒當中。你的悲傷和喜悅，會以我們亟需的方式轉變他人。你有足夠的勇氣把自己的內心投放到世界裡，像你這樣的人能夠激發大家回歸內心的旅程。

天賦13

傾聽與收集故事

擁有天賦13的人天生就是個偉大的聆聽者。更重要的是，人們和你談話時會感覺全然的放鬆，甚至會向你吐露內心的祕密，而且他們自己可能不知道爲什麼會這麼做。

吸收你所聽到的東西，以及收集人們的故事、觀點和體驗，主要呈現出你會向世界釋出什麼。人們所說的事情基本上就是你的靈感和事證。

一旦你接收了所有的原始資料，這些資料堆疊起來，就會開始帶給你恍然大悟的時刻。你會注意到貫穿我們所有體驗的脈絡、訊息或模式。

接下來，你應該要把那些智慧做很好的運用。不論那些恍然大悟的時刻是給你方向要在科技、時尙或私人情境中創造什麼，其實都沒有差別。你要把個人的軼事轉化爲普及的知識來服務眾人。

如何展現此天賦

真正吸收人們所說的東西，而不是聚焦在表現得像個好的聆聽者

當你眞實、客觀、超然的聆聽，你會成爲磁鐵，吸引智慧來到你的軌道上。你越是開放，就會

吸引來越多的智慧，而不需要你自己去追尋。你越少覺得需要在交談中表達什麼，就只是純粹去體驗，這項天賦就越有可能會發光發熱。

想像眞正沉浸在你所聽見和看見的事物中，並且保持開放地接納那底層可能包含的資訊，不帶任何立場或需求。有時候，有可能一件你聽見的事情就改變了你的整個方向；但在大多數情況中，則會是比較被動的。保持開放接收人們的能量，連結到他們的本質，這會持續深入地提升你的意識，並且幾乎會成爲你日常生活中的背景活動。

什麼阻礙了此天賦

敷衍的態度

傾聽他人並不代表你要承接他們話語的重量與負擔，也不意味著你有責任要告訴他們什麼是對的或者需要糾正他們。

有時候，帶有這項天賦的人會覺得傾聽他人以及和他人的整體互動是很累人的。他們會開始感覺很沉重並逐漸枯竭，儘管那是他們要展現才能的地方。

這會導致天賦13的人對社交互動純粹就是敷衍了事，可能被動地同意別人說的每件事（或者是反過來，無來由地反對每件事，然後造成摩擦），和人們做交談但實際上並沒有給予或接收任何東西。這是一個沒有交流、沒有連結的互動，不僅會麻痺了一個人的喜悅和人際連結，也會完全麻痺了他們的天賦。

務必要持續提醒自己說，你不需要把他人的話視為眞理，那些都是主觀的看法。你可以傾聽，但不需要覺得自己必須認同他人所說的話。傾聽你所聽到的任何東西，但過濾掉你感覺不好的東西。

如果有幫助的話，純粹就把他們的話想做是來自源頭，而不是來自這些人本身。源頭純粹是透過這些人作為媒介來協助你變得更聰明、更有智慧，這樣一來，你便會覺得輕鬆許多，而比較不會去排斥整個互動過程。

天賦 14

擴展他人的優點

帶有天賦14的人很擅長協助他人成功，爲他人創造富裕，而這麼做也肯定會爲他們自己的人生創造豐盛。

如果你有這項天賦，任何和你現在（或曾經）處於親密關係裡的人，他們可能跟你在一起時會變得更成功。這對於你珍視且投入能量連結的朋友和家人來說也是如此。對你來說這是個簡單的法則，透過致力於協助他人創造成功（因爲那是你擅長的事情），你也會成爲最成功的狀態。

如何展現此天賦

著重在服務他人

聚焦在你能給他人的人生提升價値的具體方式上，不論事情大小，不論聽起來很特別或者很平常。不管你擅長在他人身上提升什麼，就去做吧！那可能是他們的健康、他們的財富、他們的生活方式、他們簽約的系統、或是他們製作咖啡的方式。每個擁有天賦14的人都有偏好的不同領域可以貢獻好生活。

因此，詢問你自己什麼是你天生愛做的？對你來說，那通常會是很顯而易見的事情，你可能會免費做那件事，甚至沒意識到它的價值。

很重要的是，你要把自己的意向和能量聚焦在服務他人，而不是太過思考關於如何改善你自己。諷刺的是，當你聚焦在他人身上，你自己的情況也會有最好的改善。當你的核心著重在擴展他人的人生體驗，你的人生也會感覺更滿足。

接納你的天賦才能

你對自己的能力越是有自信，並且對你的能力感到有熱忱，你就越能在你的周遭創造成功。這種感覺非常有感染力，你需要做的只是聚焦在盡可能培養自己內在的這種感覺，那麼任何你投入能量的人（不論直接或間接，不論你認識這些人，或者只是因爲你在這世界上做的事情觸及了他們）也會受到感染。

當你有這種覺知，亦即不論你遇到什麼，你都能夠調適並從中成就美好的事情，這時你就知道你眞的培養了這個感覺，也就是依賴自己會感覺很棒。

當你喜愛獨立的感覺，並且樂於散發你的力量，那便會是我們都可以連結到的力量。這項天賦並不是關於階級權力，這是關於我們每個人都知道的力量。

如何解放此天賦

持續放大格局

很可能你在年幼時就夢想著偉大的事物，但身為一個夢想者常常都會被認為是天真或不切實際的，而這會遏止了你的天賦。你感覺和這項天賦脫離的程度，也就是你會對自身潛能沒自信和不感興趣的程度。

你在這項天賦上的工作，就是要清空任何讓你對人生不夠有熱忱或對自己的能力無能為力的想法或制約。

懷疑或缺乏熱情會扼殺這項天賦。

天賦 15

探索邊際

你是否曾經感覺被極端的情況吸引，或曾經被說是個極端的人？你天生是無所畏懼的，會很樂意跳進事物裡，因為你有著需求要去探索，需要走到光譜的邊緣。你是我們所有人的使者——你去探索事物、理解它，然後帶回這項禮物或資訊。你會去我們不會去的地方探索，而我們全都會因此受益。你為人們照亮了這些極端情況，向我們展現出這些極端實際上都有些好的面向是我們可以帶進我們人生中的，而不需要我們實際去經歷那些極端或者親自去學習那些課題。由你去經歷那些極端，然後接納它們，並且從這些事物中學習，然後作為智慧帶回來給其他所有人。只有出於愚昧而極端，那樣的極端才是壞事。但當你的靈魂召喚你前去，就一定會帶給你寶藏，因此別害怕投入其中。

如何展現此天賦

開放心胸去探索

帶著童心能讓此天賦真正閃耀光芒。保持開放且好奇，世界上有各種驚奇的事物會帶給你意外與驚喜。因此別期待著某種結果或發現，要完全開放地接受任何眞正的發現。這是你會從冒險中獲得眞正知識的方式：在你開始前不帶期待，好讓你的意識盡可能地開放。

要瞭解到沒有對或錯

跨越限制和常態，有時有助於我們看見新的事物，還有些時候會提醒我們爲何需要某些界線。不論是哪個情況，你都會學習到能夠幫助我們有更好生活的事物。但如果你會擔心在人生中做錯事或者做錯決定，你可能就會不敢去探索。充滿冒險精神和無所畏懼，總是會讓他人有點害怕，而如果他們不知道要如何處理這種感覺，就會投射到你身上。但要知道這點：如果是你的內心帶領你去那裡，那就不會有錯。沒有所謂的「在人生中做錯了」，更沒有什麼外在的事物可以做這種評估。只有正確地順應你的內在運作這回事。

什麼阻礙了此天賦

為了獲得回應而變得極端

如果是爲了獲得別人的回應，不論是要確認或是測試自己與他人的個人界線，都千萬不要去做激進的事情。只有你自己的界線才是你可以去測試的。應該去探索就算沒有人在看你也會去做的事情。

天賦16 熱忱

擁有天賦16的人是要來展現不同凡響的熱忱，特別是在談論他們喜愛或讓他們興奮的事情時。在人類圖系統裡，熱忱連結到喉嚨，因此，使用你的聲音是你展現此生人生目的很重要的一部分。

擁有這種熱忱就像是一種提振的力量，協助讓你所說的東西能確實傳遞給他人。那感覺就像你有個擴大器，任何你選擇要說的東西都能夠眞正撼動他人，把他們吸引到你身邊。

內心深處，你知道你的聲音有著強大的影響力。務必要眞誠地使用你的聲音。你並不需要嘗試發揮影響力，那是當你在談論你有熱情的事物時自然而然會發生的。因此別想方設法要撼動他人，或者故意說出具有爭議性的話。如果是刻意策劃的，人們會感覺得出來，反而會讓他們反感。所以，舉例來說，別因爲你覺得熱門話題是有影響力的熱情人士應該談論的東西，於是就去談論當前的熱門話題。眞正要談論的是你在當下確實感興趣的事物。

如何展現此天賦

讓你的熱情流淌

散播你的技能、你的興趣和你的好奇心。別把自己限制在一個框框裡，因爲那不是你該做的。透過這項天賦，你能夠對任何眞正吸引你的事物變得擅長。有這項天賦的人，通常會投入某種文化和藝術當中。

如何解放此天賦

消除漠不關心的態度

檢視你人生中對事物展現冷淡態度的領域。你在哪些領域只是敷衍了事，而不是眞正投入熱情？在你整個人生旅程中，把你對人生的感覺放在第一位，因爲那會改善你所呈現的任何事物的價值。你的熱忱和正向態度，會讓你所做的任何事情的價値都得到提升。

此外，也要知道別人不一定都對熱忱抱持正面的看法，因爲我們的制約認爲克制和沉著才是比較好的。許多人都會壓抑自己對人生的熱情，因爲展現冷靜、漠不關心的態度才是受到社會推崇的。務必別讓自己變成這個模樣，或者讓自己覺得自己對別人來說太過熱情了。

繼續閃耀你的光芒吧！一旦他們看見你的方式確實有趣多了，你反而可能會讓他們改變主意。但不論如何，你都能極致享受自己的人生體驗。

天賦 17 公平、有條理的頭腦

擁有天賦17的人有著非常強大的左腦。我們稱這是科學家的頭腦，因爲他們理解人生的方式是非常公平且有條理的。你不會純粹「編造出」自己想要的事實，相反地，你會檢視所有的證據，透過銳利的眼光加以篩選，從這結果當中，你會很容易看出眞相爲何。更有甚者，你可以透過事實來支持這個眞相，因爲你已經在穩固的基礎上建構了你的知識。

如何展現此天賦

看見它所帶來的價值

今天的世界比以往都更需要這項天賦。大多數的人都是先決定自己想要的眞相，然後才去尋找證據來證明自己是對的，但卻沒有看到完整的情況（這是所謂的確認偏誤）。

在他們的最佳表達上，有這項天賦的人，心胸會更爲開放。理想上，任何召喚你去深入探究的主題，你都會不帶預設立場的去投入。你會排除任何個人的目的，允許眞相自行向你展現，不論是透過數據、文字、研究和事實等媒介來展現。

然而，關於眞相的重點在於，眞相是分不同層級向我們顯現的。舉例來說，在一個層級上，時間是線性的，但在更高的理解層級上，時間是不存在的，這兩者在技術上都是「眞實的」。

對你而言，最重要的是你不去依附現有或先前所得到的結論和眞相，因爲那會阻礙你以更高層級的方式來看事物。眞相並不是最終的目的地。當我們越是準備好要接收，就會有越深入的眞相顯現。

保持完全開放和超然的頭腦，做個永遠的學生。

什麼阻礙了此天賦

以為自己知道所有的真相

有時候，我們會偏好把眞相看爲最終的目的地，因爲那會比較有安全感。當我們覺得已經知道「所有的事實」，我們的自尊心便會建造一個固定的現實觀點。但你永遠不會有所有的事實。你對這件事感到越自在，而且也很樂於繼續學習和理解更高的層級，你的這項天賦就會更加強化。

如何解放此天賦

讓你已然開放的心胸更敞開一些

你要練習的就是持續挑戰你已經封閉頭腦的地方。詢問你自己，你在哪些地方緊抓住固定的看事情的方式？比方說，你在人生中哪些地方非常確定事物就是以這個方式運作的？你有沒有可能去挑戰自己，讓自己看見不同的面向和不同的眞相？

要記得，這項天賦是很少見的。因爲科學發現採用的方式對你來說是你天生就擁有的特質，因此你會認定每個人都是這麼運作的。但事實並非如此。要知道，擁有這樣的頭腦是眞正有價值的，因爲這是我們能夠對世界運作的方式發掘新層級理解的唯一方法。

當你瞭解了此天賦的不凡，你就能看到它的潛在價值，然後你就可以針對它採取行動了。

不要認爲別人也跟你一樣擁有相同的公正和開放的能力，並且要持續挑戰你自己去接納新的公平與開放層級。

天賦 18 質疑權威

天賦18擁有直覺的能力，能夠分辨哪些人事物是健全完善的，而哪些不是。他們不害怕去檢視任何人，不論那些人的頭銜和地位爲何，他們都能去檢視那些人的爲人。

天賦18不去理會頭銜或位階。他關心的是你是否是個好人，言行是否符合你的校準狀態以及是否符合你的價值觀。他關心的是什麼可以變得更好，不論你是在旅程中的哪個階段。

你對於爲人有著天生的高標準，並且是要來檢視每個人是否合乎標準。

有許多的例子顯示我們都會用尖銳、批評的方式做這件事，但對你而言，你是來透過誠摯的心做這件事的。你是要來找到方式運用你的敏銳眼光，眞正幫助他人並服務我們整體。這無關批評他人、貶低他人、或者把別人貼上「壞人」的標籤。這是關於看見他人在哪些地方實現了自身潛能、哪些地方沒有，因爲我們都需要有觀察者來協助我們重新校準。我們無法一直很清楚地看見自己的情況。

我們也需要觀察者來檢視權威人士，判斷他們的表現如何。

我們生活的時代，任何掌握權力地位的人如果沒有和善和正確的言行，是無法在他們的位置上待太久的。從來沒有比現在更重要的時期能讓這項天賦發光發熱了。

如何展現此天賦

平等看待每個人

當你越能瞭解到沒有人是高不可攀或高你一等的，便會讓這項天賦更加強化。但他們也不是低你一等的。

我們都被教導要經常評估他人的地位比我們高或者比我們低、比我們好或者比我們糟、比我們強或者比我們弱，但對你而言，格外重要的是，當你在看這個世界時，要打破這種框架，好讓你能用單一的標準衡量所有人，不論他們的地位和能力爲何。

將缺點重新調整

有缺點並不會讓任何人喪失資格或被摒棄。當你能夠帶著這種對人性的眞正接納去做評判，便會創造一種全新的範例，讓我們知道要如何改善自身。要知道，所有你可能看到的不完美，都只是我們能夠創造更多光明的機會。

什麼阻礙了此天賦

想要去糾正和改變他人

有這項天賦的人可能會花太多時間批評和責備他人，不論是否有大聲說出來。然而，這麼做只會讓雙方都受創。

雖說你能夠看見事物要如何改善，但你不該使用這項能力來提升自己的自尊心和填補自己的不安全感。想要糾正和改變他人，認爲他們應該要屈服於你覺得他們應該做的事情，這是一種頭腦的成癮症，這麼做只會消耗你，並把這項天賦浪費在不會帶來好結果的地方。

務必要保留你的天賦，在沒有受到情緒刺激或私人動機影響的時機再使用。

天賦19

感受人們的需求

擁有天賦19給你一種毫不費力的能力，能夠察覺人們對生存和發展茁壯的需求。

在基本的層面上，這意味著感受到自身實質的需求，諸如對食物、對接觸、對家的需求。另外，還有在我們情緒和靈性層面上的需求，諸如對群體、對歸屬感、對靈性連結的需求。

你的人生使命是要協助爲他人提供上述至少一種類別的事物，不論是以直接或間接的方式。你能夠看見和感受我們的集體需求，能夠看見有助我們健全和演進的事物，並且你可以把那些事物帶給我們，或者指引我們去取得那些事物。

靈性層面和物質層面在字面上是分開的，然而最終，你的工作是要用某種方式將這兩者結合。畢竟，這兩者是不會單獨存在的。當你越能在實體層面上看見靈性會越好，而不是把靈性看作分開且高於我們的東西。

如何展現此天賦

先照顧好自己，才能為他人服務

通常來說，你照顧自己的身體、情緒和靈性需求的旅程，最終會引導你走向爲他人服務。因此，看看自己的人生，包括早年和現在，然後想想需求未被滿足的時刻，也就是當你渴望基本的需求但卻沒有得到供給時，那種缺乏某事物的痛苦感覺，推促著你去學習如何照顧自己。你幾乎成爲了自己的白老鼠，好讓你能照顧自己，進而和他人分享。

宇宙把你造得對環境、對你接收的事物、對他人的潛意識都格外敏感，藉此協助你發展這項天賦，有能力深刻地感受到能量上的細微差異。通常來說，有這項天賦的人對於他們吸收的東西會格外或刻意挑剔。

在能量消耗方面也和身體上的消耗相同。隨著他們越來越校準，他們會對自身的負面行爲感到格外反感，因此那會非常容易引起他們的注意，因爲其中總是帶有線索顯示出社會整體的行爲方式以及相關的解方。

這項天賦能夠展現的深度是沒有底線的。在更高的層級上，意味著你會接收到夢境的意象，看見超越物質現實的事物，變得能夠心靈感應。

如何解放此天賦

別讓相互依賴主導全局

能夠輕易察覺他人需求的能力可能會放大相互依賴的傾向。思考一下，你很清楚知道人們需要什麼，而你的靈魂總是傾向去利用這份覺察，因此，你極容易會運用這項技能來獲得他人的認同、愛或許可。

但把能力用在這件事情上會消耗了你的能量，讓你無法把能力用到人生的其他部分，而那些部分確實會服務和提升許多人，其中當然也包括你自己。

你越少去依賴他人的認可，在情緒上變得越獨立，滿足你所有自身高我的需求，你就越能夠接收到指引，知道要如何提升整個社會。

天賦 20 隨遇而安

擁有天賦20的人，生來就信任人生。當你相信生命是一種喜悅，相信事情通常都會以符合眾人利益的方向發展，那麼你就能夠放鬆，因為你知道你不需要控制一切事物才能讓發展順利。你會意識到有看不見的力量在作用，不論你稱那是上帝、宇宙或靈魂。

因此，這會給你的存在帶來某種輕鬆感。你可以展現幽默，你可以微笑度過每一天，微笑度過挑戰的時刻，因為你知道不需要太過嚴肅看待。你知道我們來到這個世界上只是短暫的旅程，而這觀點就是你的能量很關鍵的一部分。

在人類圖系統中，此能量連結到喉嚨，因此，這個充滿希望、輕鬆的觀點，通常會透過你所說的話語散播給他人。

天賦20的人會是偉大的說故事者以及很健談的人，或者他們純粹就是分享自身對人生的正面看法。

如何展現此天賦

說真話

若要眞正展現這項天賦，你需要不怕說眞話，而且要先對自己說眞話。由於你傾向正面的觀點，因此有時候看到不愉快的事物可能會讓你感覺格外震撼或可怕。但唯有透過見證過一切，你才會發現，即使經歷人生負面的部分，你仍舊深深地相信生命會支持著你。如果你只看正面的事物，是無法有此體悟的。

透過探入黑暗，你會看見自身的光明。事實上，你也可以爲他人把黑暗的部分轉化爲幽默和正面的觀點。

部分帶有這項天賦的人是偉大的喜劇演員，因爲他們能夠深刻理解人生的愚昧之處。當許多人都只困在嚴肅的面向裡，他們則能從中看到有趣的一面。

如何解放此天賦

別強迫自己要展現快樂

當我們是膚淺的隨遇而安，我們會把一切（包括我們的痛苦）包上糖衣的外表和虛假的快樂。我們會誇大正面性，或者我們在略微負面的事物出現時會過度補償。我們可能會覺得需要去安撫每個人，要大家展現出百分之百的樂觀。

更有深度的隨遇而安則是允許自己眞誠地感受所有事物，然後注意到：「哇，我通常是傾向信任，相信一切都會很好。現在我可以放鬆了。現在我不需要過度補償，或者把負面的事情藏起來。」這更深入的體悟就是你的天賦，此天賦是要來讓其他人知道，我們並不需要那麼擔心，我們不需要那麼沉重或嚴肅地看事情。

但爲了散播這天賦，你需要接納自己可能出現的任何負面感受。你需要達到一個境界，知道自己並不需要獨自承擔一切。唯有在這樣的狀態下，你才有能力去提醒他人這個眞相。

天賦21 培養個人力量

天賦21是注定要掌權和負責的人，這不僅是對自己，也是對他人。掌控你自己的人生，主要意味著你是要成爲經濟獨立且豐盛的人。天賦21的人受到金錢的驅動是很健康的，因爲那就是你此生道路的一部分——給予自己想要的一切物質事物。

這也意味著你需要感覺緊緊掌控著你爲自己的生活方式所做的選擇，包括你的衣著、你的環境、你的食物選擇等等。這些對你來說並不是愚蠢的努力，而是你學習精通物質層面的過程，而這也是你生來要成就的事情之一。

在感受到自己的力量之後，你也可以協助他人這麼做。你也有著自信和果斷的能量，會讓其他人樂於接受你的指引。

如何展現此天賦

對於掌權感到自在

有這項天賦的人對於指揮他人非常自在，因爲那就是他們要來做的事情。

如果你討厭別人指揮你去做什麼，那並不是壞事——那就是你的設計！你此生的課題是要學習成爲自己的老闆，因此你被設計成對於接受別人的命令會感覺非常不舒服。

如果你對於指揮他人感覺不自在，那麼詢問自己是否把掌握權力做了負面的連結，或者你是否對這件事有種恐懼感。要知道，帶著正念去做指揮他人的事情，是會對他人有益的。指揮他人並不意味著你高他們一等，而是你要爲他們服務。當你把自己掌權的角色視爲終極的服務形式，那些對掌權的不自在感就會消散。

什麼阻礙了此天賦

過度控制

掌權的負面呈現就是控制。當你變得過度執著、強迫、迷信或控制他人的人生領域時，就表示你把這天賦用到錯誤的地方和錯誤的事情上了。

這項天賦應該用來讓你對自己的人生感覺更自由、更有自主權，並且指引他人做到相同的事。要運用此天賦在你能貢獻價值的特定領域裡指引他人，並且要克制自己避免去告訴他人要怎麼過他們的人生。你的自尊心會推促你去做後者，因爲它會告訴你說，你對所有的事情都有答案。而且你的恐懼也會告訴你說，當你微觀管理、牢牢掌控所有事情時，是比較安全的。

這件事的解方，就是要時時刻刻回到服務的初衷上。爲他人掌舵是你的職責，需要帶著謙遜和純眞的心來做這件事，而這就是你的核心本質。

天賦 22 情緒典範

這些人被賦予了深刻的情緒感受天賦，他們能夠感受到更高的高點、更低的低點，以及其中的一切狀態。

除非生命中發生了極端的事件，否則大多數人都無法連結到如此廣大的情緒光譜。一般人純粹感覺快樂的事情，有可能會給你帶來極度快樂的感受，而且你也可能會受到悲傷的事情更深刻的影響。從這種情緒感受程度中，會帶出更深刻的同理、靈感和創意。

如何展現此天賦

成為人們情緒的老師

當你在情緒高點時，你對他人是極度有吸引力的，而且你也會熱愛社交。你給人的感覺是很迷人和優雅的，你甚至不需費力，人們就想親近你。

你就是要來在那當下傳遞這種強化的高點，提升他人，因為他們通常不會有這種情緒高漲的狀態。就是要透過像你這樣的人，他們才有機會觸及這狀態。

至於情緒低點，沒有低點就不會有高點。通常當人們感受到情緒低點時，他們會覺得是自己做錯了什麼。但那不是事實！你的情緒是被賦予你的，好讓你能夠發展你的情緒智慧。

你並不是要讓你的頭腦迷失在試圖分析或批評自己或他人，而是要在那低點當中找到自由。要體悟到，你的感受並不是可以控制你的沉重事物。

這是你的整體天賦。要讓自己不再受到情緒的左右，進而也協助釋放他人。我們需要瞭解到，情緒只是體驗，無關正面或負面。由於你能夠連結到更多的情緒感受，因此你是情緒的老師，能夠教導人們瞭解整個情緒光譜如何運作。

如何解放此天賦

輕鬆面對情緒

一旦你排除了負面情緒所帶來的羞愧和汙名，你就能夠允許所有的情緒都成爲禮物，畢竟情緒包含了可以讓我們受益的資訊和智慧。

當你原原本本地接納了低點（它們就只是體驗，你可以選擇中性地觀察，並且從中獲得洞見），你便可以解鎖巨量的同理，因爲你會知道人們經歷低點時的感覺。

當你在高點時，要將它散播給更多的人。宇宙給予你特定的高點，是因爲該是讓你走出去閃耀光芒的時候了。

當你在低點時，就抽離。這是宇宙在告訴你說，該是回到內在的時候了。讓那股憂鬱、悲傷或抑鬱流過，別去過度解讀。

關鍵在於你的情緒並不會定義你的好壞。情緒只是過渡性的，就像天氣一樣。如果你去抓住它們，它們就會停留得更久，進而造成延長的情緒低迷狀態；如果你不去認定它們是針對你個人而來的，它們就會像雲一樣很快地飄散。

一旦你有了足夠的經驗，精通了不讓情緒低點控制你，你就能夠成為他人的典範，好讓他們也能夠這麼做。

不論你的內在覺得自己的人生有多麼跌宕起伏，當你不去過度解讀，你便能把它轉化成優雅和魅力。這就是天賦22的魔力，向我們展現如何優雅地穿越人生中所有的快樂與悲傷狀態。

天賦
23
清晰

天賦23能夠以清楚、直接的方式表達事物，並且你要來表達的是新穎的觀點和看待事物的方式。你不是透過策略的方式、邏輯的方式或夢想家的方式獲得這些觀點，你純粹是放鬆，帶著接收的、不雜亂的頭腦來思考一個情境，然後在某個時間點，「覺知」就會浮現。突然間，你就有了清晰感。這個清晰感是非常超前時代的，是他人非常需要的，因爲這些洞見能夠爲任何你有熱情的人類體驗領域帶來巨大幅度的進展。

你是傾向務實且有效率的，因此這通常也是你所帶來的解決和升級方案的標誌特質。這個過程使你成爲一個原創的橫向思考者，因爲這些清晰感並沒有一個固定的過程，你純粹就是「知道了某些東西」，但卻不知道這些東西從何而來，也不知道自己是怎麼得知的。要抗拒想要解釋的衝動。你不需要解釋你所說的東西，也不需要爲它賦予一個邏輯的過程，讓它變得正當並有價值。

要相信你所接收到的內在覺知，並且爲它服務，將它與他人分享。

這個天賦的第二部分，也就是他人會注意到的部分，就是你是以很直接的方式來傳遞這個洞見。直接是很激烈的，那就像是被閃電擊中，所傳遞的內容中沒有任何不確定和困惑。但直接並不意味著嚴肅和尖銳。最佳狀態是能夠清楚又輕鬆、甚至有時帶點幽默。

如何展現此天賦

放輕鬆讓清晰感自然到來

當你有這項天賦時，你的角色是要盡可能清空你的頭腦。不要去追逐清晰感，強迫清晰感發生，而是要把自己準備好，去盡可能地接收清晰感。社會讚揚我們說「聰明的事情」，因此，有時候我們可能會試圖強迫自己說些什麼或是對什麼有答案（不論是爲了自己或爲了聽眾），但實際上我們的頭腦可能還沒有眞正準備好。

這麼做不僅會讓大腦因爲這些不成熟且不眞實的清晰感而變得混亂，占據了能夠接收眞正清晰感的空間，並且也會讓你跟神聖的時機點脫鉤，因爲當你強逼清晰感時，通常會讓你針對那清晰感採取行動，也因此會讓你做出實際上並不校準的事情。當我們這樣做時，覺得更確定、更快就是更好的，結果就是我們會採取不成比例的行動來獲得我們想要的答案，過度費力去追求，浪費了我們寶貴的生命能量。

從實體的觀點來看，你也可以透過讓自己所處的空間感覺有助於獲得清晰感，藉此來展現這項才能——可能是整潔的家中擺設（如果這樣有助於你思考的話），或者是讓自己身邊環繞著能夠反映最好的你的物品。

什麼阻礙了此天賦

太過和善有禮，留意自己的用詞以避免冒犯他人

要記得，直接和極度清晰是你的強項，特別是透過輕鬆感來傳遞時。別爲任何人事物而淡化了你的天賦。

過度試圖說明自己，或者把自己的溝通變複雜了

這通常來自一個信念，就是認爲人們不瞭解我們，這會導致我們去過度解釋，進而失去人們的注意力，於是便更加確認了這個信念。

試著選擇較少的話語，而且要相信，正確的人，也就是瞭解你並且是在你的頻率上的人，他們不僅會接收到你的訊息，而且是會很深刻地接收到，因爲你讓神聖源頭帶給你的洞見，原汁原味地直接透過你傳遞出去。

天賦 24 靜默的突破

如果你有天賦24，你會擁有能力持續將你對人生的理解提升到更高的層級。

你有聽過這句名言嗎：「用製造問題的思考方式去解決問題是行不通的。」那就是你，天賦24。超越你當前的方法，好讓你能夠看得更清晰、更有覺察。

你在人生中總是能達到更高的清晰感，不論是在你當前的情境中，還是在你感興趣的主題裡。而且你有耐心能夠對同一件事深思、深思、再深思，直到有一天，突然間，清晰感出現了，你有了恍然大悟的時刻。

深思比思考更被動。你並不強迫要有答案，你只是在大腦中給它時間，並且保持開放，準備好接收清晰感在完美的時機到來。

如何展現此天賦

別追求思考的量，要追求思考的品質

當你改善了思考的品質，恍然大悟的時刻就會發生。基本上，你並不需要做更多的思考，你只

需要做更好的思考，並且你是有這方面技能的。

我們大部分的人都是日復一日重複在思考相同的一些事情，而且是用相同的模式在思考。對一般人來說，思考甲事總是會導致他們想到乙事。他們可能會覺得他們選擇了自己的每個思緒，但實際上他們是受到頭腦架構的主導。

你是帶有天賦24的人，你能夠跳脫這個框架。你能夠觀察自己的自動思緒模式，然後加以突破，創造全新的模式，而那確實是你選擇的，並且也是對你有幫助的。

天賦24的人有巨大的能力能夠超越這些模式，並且體驗新的思考方式。這是因爲你有高度原創的頭腦，能夠超越主宰著大多數人的頭腦雜音。透過這麼做，你是要來推動我們前進，並且協助帶來與我們的思考過程更健康也更好的關係。這是你的人生使命很重要的一部分。

你是要來超越一般的思考模式，並且把你的頭腦推上更高層次的理解。當你這麼做時，你在看事情上便會有所突破。那就像戴了一副更好的眼鏡，你在看的東西並沒有改變，但是突然間你的觀點則提升了。

什麼阻礙了此天賦

腦中充滿分心事物或者很忙碌

你的人生在沉默和無作爲中會出現改變。你的天賦和你的成長大多會來自當你移除所有不必要的刺激和活動的時候。

強迫要得到答案，而不是保持開放

這項天賦的美好在於擁有「開放接收」的狀態。即使這個世界都在告訴你說必須要有答案，但你並不需要隨時都對任何事物有答案。最好的眞相和答案來自我們花時間用心灌溉，同時允許它們在準備好時才開花結果。此外，在人生中有著正向的前進動能，重點並不是要擁有更多的答案，而是在於擁有更好的答案。

要瞭解到並不是每個人都像你一樣有耐心和開放等待突破

有時候，我們會忽視了可能很有價値的事物，而這純粹是因爲我們不瞭解那事物。如果我們不瞭解，我們就無法運用，無法好好展現。只有當我們瞭解時，它才會有機會開花結果。

天賦 25

帶著孩童的純真擁抱人生

不論你是八歲或八十歲，人們都會認爲你的能量很「年輕」。在這底層是對生命的新鮮感和熱情，而這會帶來不可思議的力量，能夠復甦和活絡這個世界。

對大多數人來說，活得越久，人生也感覺越來越沉重。這是老化所造成的：對人生感到單調乏味且頹喪，沒能看見事物的興奮和驚奇，使得人們缺乏生氣。你的輕鬆感能夠復甦他們。

你的工作是要先強化自己內在對人生的新鮮感，而後散播給他人。讓這氛圍感染你所做的每件事，不論是人資工作或歌唱都行。

佛教談論到最高的智慧是「保持赤子之心」，基本上就是透過好奇的眼光去看每件事物，彷彿是第一次看到一樣，而不是感到太過熟悉或厭煩。我們的文化教導我們的是相反的事情：無動於衷和注重現實才是好的、聰明的，興奮感則是傻裡傻氣和輕浮的。但最終的智慧是要保有那輕鬆的靈性，並且把人生看成是一種喜悅和禮物。你是要來向我們展示，這種童眞的精神和掌握自己的力量是能夠同時存在並且相輔相成的。

如何展現此天賦

把它視為是一種力量

當你把它視爲是眞實的力量時，這項天賦才會有最佳的表達。當這個世界丟給你許多的理由要你築起高牆並且封閉內心，你依舊要保持心胸開放。當你展現有愛且純眞，別把這視爲容易受人影響或者需要討好他人。甜蜜點在於說出自己的感受並且說出自己想要的，但永遠要帶著輕鬆與和善的態度。如果他人覺得你很天眞，不需加以理會。如果他人把這種純眞誤認爲是占你便宜的機會，他們很快就會發現自己錯了。

不論如何都要保有你的喜悅和純真

務必總是回歸你的純眞。別讓這世界或旁人扼殺了你的純眞。他們才是需要變得更像你的人，而不是你要變得像他們那樣。當你回到自己的核心，回歸這個開放輕鬆的狀態時，你總是會感覺最安全和自在。每當你迷失或脫離正軌時，要知道你總是可以回到你的核心。

什麼阻礙了此天賦

裝酷

對生活中任何領域變得很嚴肅，因爲我們被教導說需要這麼做才能成功。成功和輕鬆並不是相互排斥的，畢竟如果你無法享受成功的過程，那麼實現你所有的夢想又有什麼意義呢？

天賦 26 說話的藝術

天賦26的人擁有很棒的人際交流技巧，知道要如何打動人，也知道如何把訊息用聽起來很棒或很有共鳴的方式傳達給他人。從這個角度來看，擁有這項天賦可以讓你成爲終極銷售員，把人們需要的東西呈現給他們，並且用能夠引起人們渴望的方式去傳遞這項資訊。有時候，我們並不知道自己想要什麼，直到有人用我們有共鳴的方式呈現給我們，而這就是你要來做的事情。

這項天賦也帶有很高的效率，意味著你總是受驅動要用最小的努力獲得最大的成果。你不喜歡廢話，而是偏好單刀直入。這並不是懶惰，而是聰明。全世界都在變得更有效率，而擁有這樣抄捷徑讓事情更快完成的天賦，能夠帶給他人不可思議的價值（當然也會給自己做事方面帶來價值）。

這項天賦帶有健康的慾望和動機：你的靈魂是要來創造成功的，這不僅是爲了你自己，也是爲了你的部落。去擁抱你自身眞正的渴望並且去追逐它們，對你來說是好事。你想要每個人都擁有最好的事物。

如何展現此天賦

把你有熱情的事物放在人生舞台正中央

你越是深刻地關心你和他人分享的東西，這項天賦就越能夠啓動。不需要你眞的用陳腔濫調的方式來銷售該事物；人們就是會想要感染你的熱情能量。你會是個偉大的溝通者，能夠傳遞你的訊息、產品或服務，而且不需要想方設法去知道該怎麼做。

對於銷售的藝術，人們有著各種的訣竅和複雜的策略，但你要來展現的是，最好的做法就是發自內心對事物的熱愛。跟隨你內心的渴望，人們就會想要你所提供的東西。

什麼阻礙了此天賦

對於展現熱情感到羞愧或恐懼

有時候，我們會害怕向全世界宣揚我們的熱情，因爲這是我們靈魂的延伸，所以我們不想要被人們批評、質問或拒絕；或者，我們認爲展現火熱的熱情是不好的，因爲「我們當自己是哪根蔥啊！」我們都被教導最好要表現得沉著冷酷，無動於衷才是最好的。

但這個世界亟需充滿熱情活力並樂於展現此能量的人。我們的靈魂需要熱情的人，更甚於這些人實際熱愛的事物，因爲那股熱情有力量把我們與熱情的能量連結在一起。

有些人會想要任何你有熱情的東西，只因爲接近你的輕鬆能量會讓他們更有活力。重點不在於產品，而是那些產品所帶給我們的體驗感受。這一切都是從你開始的。

背後的動機

有時候，我們會把銷售、說服、分享跟操弄和占便宜連結在一起。但當你的動機是要協助他人發掘並且連結到能夠改善他們人生體驗的事物，那就是全然不同的狀況了。古老的方式是從他人的損失中受益，而新的方式則是創造雙贏。當你是帶著服務的心來做分享，人們也會從你身上感受到，而這會讓他們更受到你的吸引。每個人都能感受到能量，不論他們是否有意識到，而他們會更容易受到眞誠的熱情所吸引，卻反而不會受到那種過度製造、過度公式化、過度謀略策劃的銷售方式吸引。

天賦27

滋養與照顧的超能力

照顧他人是你天生的能力。你可能會想說：「不是每個人都會照顧別人嗎？」答案是否定的，並不是你想的那樣。照顧和滋養是你的超能力。

有這項超能力的課題在於，社會並不特別重視這項能力，因此你大概也沒那麼重視自己在這方面的能力。你或許沒有聽過任何人告訴你說，這種不可思議的照顧能力會讓你成爲大富翁或是成爲總統。但在現代，我們基本上都能夠獲得任何想要的物質事物，因此，人們比以往都更渴望感受到這種照顧。當你把這股照顧的能量挹注到你所做的每一件事當中，不論是擔任母親的角色或經營一個大品牌，那都會是你最爲成功的時候。當你展現對人們的關照，讓這擴及所有你在做的事情，那也會是你最吸引人的狀態。

如何展現此天賦

在你的照顧中納入自己

有這項天賦的人，他們的主要課題是要學習在投入能量照顧他人以及照顧自己之間取得平衡。

這項滋養和照顧的天賦，就跟所有其他的天賦一樣，必須運用在人生中的所有領域，才能完整展現其潛能。因此如果你忽視了自己，你就無法眞正獲得這項天賦所帶來的果實。

讓你的照顧能量發光發熱

讓你的照顧能夠被感受到。一切讓你心軟的事物都是神聖的。承諾對它效忠，並且不要感到羞愧，而是要大方展現出來。人們會受到關心這世界的人所吸引，因爲那是一種熱情和活力，也是一種愛。那些都是我們想要在自己的人生中擁有更多的東西。當他們感受到你散發這樣的能量，那就像是一種流動，能夠讓他們更容易獲得那些事物。

什麼阻礙了此天賦

認為它是一種責任

認爲照顧他人是一種責任，會開始讓這件事感覺沉重。但實際上，你的照顧能量給你的感覺應該是喜悅和樂趣，是愛的實際表達。務必用你喜愛的方式做這件事。雖說你會去照顧和關愛別人，但並不意味著你就要奴役自己。

讓你的行動受到罪惡感或無助感所驅使

有這項天賦的人經常會有罪惡感，覺得自己做得不夠、害怕自己做得不夠，或者因爲所做的事情沒有得到想要的結果或效果而感到無助。這些想法對你的照顧能量來說是很糟糕的燃料。當你的照顧能量是發自內心無法克制地展現出來，那就是個全然不同的層次，而那也是人們在你任何的行動中都能感受到的。

但那並不意味著你應該爲每個人做每一件事情。要去做會讓你感到興奮的照顧行爲。要記得，照顧不僅是一種行動，也是一種能量。你不需要隨時隨地都在「做」。

做得太多會耗盡你的能量，讓你對你全心分享的人感到苦澀。這會消除了你能帶給他人的正面效果，反而違背了原本的用意。要相信自己所做的感興趣的事情，並且相信其中的價値。

天賦28 最大化的人生

天賦28執著於最好地運用人生，想要確保自己活出了最完滿的人生，榨乾人生的每一滴精華。之所以如此，是因爲單調乏味的生活並不適合你。而且生命也讓你很害怕單調乏味，藉此確保你會持續追逐更高的境界，在人生中獲得最多的收穫。

這項天賦是要來驅使你邁向傑出的境界，推促你跨出任何限制，因爲你是要來活出豐盛人生的。

諷刺的是，讓我們無法活出完滿人生的限制，大多是來自我們自己。爲了要善加運用人生，天賦28通常有著時間不夠用或者人生「落後了」的巨大恐懼，抑或有時甚至會害怕自己提早死去。這導致他們經常性的缺乏耐心，總是覺得很匆忙，或者生活過分制式化，而這一切實際上會阻止你顯化你要來展現的偉大。所有這一切都是恐懼和焦慮限制了你的能量，阻礙你完整展現橫向思考與創意解方。你把自己和自己的人生放在這條「軌道」上，限制了你的靈魂。你的靈魂是你內在的一部分，當它自由時，才能夠讓你更快達到自己想要的境界。

一旦你排除了所有這些控制自身行動的壓力，那就像是摘除了眼罩，突然間你就能夠看得更清楚、想得更清楚，這也意味著你能夠創造更大、更好的東西。

壓力和倉促是奠基在恐懼之上的能量。帶著意圖去投入你所做的每件事，並且專注投入，是你能展現的更強大、更有力的能量。

如何展現此天賦

你需要意識到的是，施壓和倉促度過人生並不是在活出完滿的人生。當然，你可以呈現所有我們認知中所謂創造好生活的行動，但如果你沒有好好去感受，你的人生實際上會更快速的流過（或者感覺是這樣），反而不如你確實去留意在你眼前的東西，留意你正在做的事情，而後運用你出色的天賦，在每個當下或每個情境中創造最好、最有樂趣的體驗。

因此，從頭開始思考活出完滿的人生對你的意義為何，然後把你的時間和注意力都圍繞在其周圍。我們都對完滿的人生有不同的看法，而這個社會當然也有其一體適用的樣板。但你要清楚自己對人生的願景、感受或想法，如此才會幫助你引導自己的行動，實際上去創造出自己想要的人生。

什麼阻礙了此天賦

很表面地進行你的每日活動，而不是實際去投入其中。當你投入時，會有訊息浮現，可能你會意識到你實際上並不喜歡其中一個活動，然後你可以想出其他的替代活動。這是一種超能力，能夠升級並改善事物的樂趣。但如果你把自己當成是個機器人，強迫自己勉強度過各種事情，只因為你覺得這麼做會帶給你某種結果，那麼你就無法展現那項超能力。如果你不在路上努力耕耘，便無法得到幸福快樂。

天賦 29 全然投入一切

天賦29的人，當你對某事物說「好」時，你就是完全投入了。此天賦的能量是把你全部的力量和能量投入到你所做的每一件事情裡頭。

當你對某事物感覺興奮時，它會在你內在激起一股力量，進而在那項企劃或活動中創造動能。這是能夠在世界上創造奇蹟的力量，也是這個全然投入的天賦能夠帶來的影響——前進的力量，對你自己和對他人來說都是。

這項天賦中也有信任的元素，你可以在不需要知道會獲得什麼的情況下去全然投入某事物。你身體的興奮感極爲強大，甚至強過你的頭腦想要你聽它說的理性分析。

此外，即使某事物「沒有道理」或者遭到挑戰，你仍舊承諾要去投入該事物，因爲你受到它的吸引，但你並不知道爲什麼會這樣，而這種投入的承諾實際上能夠把這情況轉變成好事，即使那件事有時感覺很不被看好或者很不舒服。一旦你投入了，而且是眞正透過興奮的狀態去投入，它便會轉變成對所有人都更具吸引力的情況，不論那是工作的企劃、目標、或者你帶到人生裡面的人們。不論你把能量投入到什麼事物當中，突然間，那東西在別人眼中都變得非常有前途。

這裡的課題是，熱情會戰勝一切，並且這個強大的力量會提升所有你投入的事物。

如何展現此天賦

分辨你真正感興趣以及不那麼感興趣的事物

你越常只去投入讓你感到興奮的事物，就越有可能每件事都會充滿熱情和動能。它們會成爲燃料，帶著你所有的努力前進。你並不需要太過費力，事情就能成功。

當你全然投入某事物時，會刺激他人來一起加入，並且創造前進的動能，而這是能把夢想轉化成事實的動力。

什麼阻礙了此天賦

投入你不是那麼感興趣的事物

如果你這麼做，你必然會過度延展，結果就是耗盡了能量。試著去檢視你答應這件事情的理由。通常那都是來自頭腦試著說服你說這件事能夠帶給你想要的結果，卻完全不顧這中間的過程是否眞的有樂趣。

對於事情很隨便或漠不關心

這並非你的眞實本質。你在人生中任何有這種感受的地方，都會造成偏離正軌的情況。連結到那個熱情且投入的你，別因爲想要被他人接受、想要看起來更酷、想要不被社會認爲有威脅，就去壓抑你自己的力量。

天賦30 渴望深刻的感受

擁有天賦30的人，總是渴望偉大的人生體驗——那種讓你感覺充滿活力的體驗，不論那是愉快或痛苦的。他們只是渴望體驗情緒感受，並且他們會發現自己渴望獲得比當前體驗還要更多的東西，來讓他們能夠感覺到活著。

對一些人來說，這可能呈現出來的像是追求刺激的成癮者；對其他的人來說，則是更細微的人生體驗或是電影和音樂。但在大部分情況裡，天賦30的人願意嘗試任何事物，而且想要體驗一切。不論你要做什麼，只要是符合你的眞實本質即可。

這項天賦的目的是要提醒自己和他人關於爲了體驗而體驗的純粹喜悅。只要我們願意，人生可以是個遊樂場，而體驗既不好也不壞，最終，它們只是我們想要活出來的事物。

這項天賦有種輕鬆感，因爲你純粹是體驗事物的眞實樣貌，不讓發生在你身上的事情帶來沉重的負擔，但你仍舊會沉浸在它們帶給你的所有智慧和教訓裡。這就是這種對深刻情緒感受的渴望會帶給你的。透過天賦30，你會受到經歷體驗的深刻影響，程度更甚於其他經歷相同事情的人，而這就是你人生目的的一部分。

如何展現此天賦

在進入新的體驗時，放掉所有的期待，不論那新的體驗是一份工作、一段關係或者只是一趟短途旅行。你越是能夠帶著全然開放的心去投入，你就越能擁抱這項天賦，允許每種體驗用它們該有的方式全然地感動你和影響你。期待會壓縮了可能的結果，但你想要的是讓這件事情徹底敞開，給你帶來最好的可能性。

什麼阻礙了此天賦

有時候，你可能會有種強烈的渴望，但你並不知道究竟是渴望什麼。那感覺就像內心有著熊熊烈火，但卻不清楚該拿它怎麼辦一樣。在這種情況下，有幫助的做法是不要給自己施壓要找到答案，而是讓自己開始去投入一些看起來讓你感到興奮的小事裡。這會有助於你建立對自己的信心，能夠分辨什麼體驗對你是正確的，而什麼不是。

天賦 31 具影響力的能量

天賦31能夠毫不費力地影響周遭的人。你說話的方式有種確定感，而且你對外投射的氛圍會讓人想要聽你說話、跟隨你做的事情、或者嘗試你推薦的東西。你給人強大且自信的感覺，讓人們會感覺受到你的吸引。

不論你在人生中扮演什麼樣的角色，你都會發現人們會想要以某種方式跟隨你。他們會找你詢問建議，因爲他們信任你的喜好。這項天賦占據了你在地球上的人生使命的一大部分，而且會需要你不去跟隨這社會，而是成爲這社會想要跟隨的人。

如何展現此天賦

允許你自己喜歡你喜歡的事物

投入你眞正感興趣的事物，擁抱你的喜好，知道你不喜歡什麼事物。由於你生來是要成爲有影響力的人，因此你不能允許你的個人興趣受到多數人的喜好所左右。你會影響現狀，而非讓現狀來影響你。因此要保持原創，忠於自己，允許你自己喜歡你喜歡的事物。這都是有原因的。

你越能擁抱自己，越有自信、越自主，你也就會成爲這個世界上更爲強健的力量。

不畏懼展現你的力量

因爲某種原因，我們都相信有影響力或者強而有力的人是比其他人更好的。只要我們的心態接受這樣的信念，那也就是人們會在我們的行動背後感受到的能量。

因此，是的，確實有具有影響力的人濫用了他們的能力，但是不要害怕擁抱你的力量，因爲你可以用它來做良善的事情。你可以帶著優雅與服務的目的來使用這力量。

有時候，社會上的這些信念使我們不願表現得太自信，或者會讓我們不成比例地展現出果決的能量。無所畏懼地展現你的力量，純粹讓這力量從你身上流淌而出，而不是試著要用它去達到任何目的。接納自己對這力量的肯定。當你這麼做的時候，你會成爲他人的明燈，指引他們也找到自己的力量。

具有影響力並不意味著高人一等，那只表示你被賦予了責任要讓人們注意到某些事物。這是一項重大的責任，因爲你必須帶著正直的心來做這件事，展現你在當下最高標準的思考、談話和存在。因此，那可以說是掌握權力的位置，但並沒有讓你比他人更強大。有時候，這可能會讓人犯錯，因爲他們可能會誤用了這種影響力，或者他們可能不願擁抱自己具有影響力的本質，因爲他們相信如果他們展現了完整的力量，就會疏遠或威脅到他人。這些都不是事實。務必帶著服務他人的意識去擁抱你的影響力。

什麼阻礙了此天賦

做事時帶著想要影響他人的意圖

由於這項天賦是毫不費力的，因此你不能加以計畫。當你爲了達到某種效果或結果而去做某些事情和說某些話，你的影響力實際上是會打折扣的。

天賦 32 達到成功的直覺本能

天賦32的人對於事物能否成功有著天生的第六感。或許你能夠嗅到哪些事業會成功，或者能夠感受到一段關係是否會長久。這項天賦可以在許多方面展現出來，而它是要來協助引導你要把自己的時間和能量投入到什麼地方。

這項技能並非以邏輯或事實爲基礎。它是一種強大的直覺本能或第六感，你通常無法說明爲什麼你覺得事情會成功或者不成功。事實上，當你無法解釋你爲什麼會這麼覺得時，那是個很好的指標，因爲你是允許那純粹的直覺本能來發聲，而不是讓你的頭腦來介入。

當要將金錢和能量投入到事物中，天賦32的人會展現健康的自制力，因爲他們顯然不想要投資他們不覺得會成功的事物。

如果你有這項天賦，它是要來引導你自身的行動和決定，同時也讓你能夠引導他人邁向成功。你可以透過你的類型策略，運用這項天賦來協助他人成功。

如何展現此天賦

傾聽第六感對你說的話

關於這個直覺本能，有個情況是它不會在每個情境中都跟你說話；它只會在它想要時才發聲。你不需要強迫自己要對所有的事情都有答案，你只需要敞開心房去傾聽它們在低聲說的：「這感覺對了」或者「有東西感覺不太對」。每一個有此天賦的人，會在人生的不同領域中聽到這項天賦的聲音，不論是投資股票、分辨是否該接受某客戶或者是關係諮詢。

什麼阻礙了此天賦

恐懼失敗

由於他們強烈渴望成功，因此，天賦32的最大恐懼就是相反的事物——害怕自己會失敗。

這可能有幾種不同的呈現方式：

- 有些有此天賦的人會太害怕失敗，因此不敢就他們的夢想採取任何行動。
- 有些人會採取行動，不過那是出於恐懼，而不是出於興奮感。
- 還有些人則是在絕大多數時間裡都在思考著失敗。

不論如何，你都必須翻轉這情勢，並且瞭解到你對於失敗的靈敏嗅覺是要來協助把你推向成功的——只要你跳脫頭腦的思考，不去聽恐懼的聲音，只管朝著你的夢想前進，並且時時留意那個小小直覺本能給你提供的指引。

天賦 33 走入內在

在表層上，有此天賦的人需要許多的獨處時間。但這其中有更深層的原因：他們的人生軌道會帶領他們阻隔掉來自外在世界的聲音，並且連結到這個世界上所有看不見的力量和事物。

對你來說，你的天賦是往內在探索時才能連結到，而不是向外去尋找。

通常來說，這項天賦是透過書寫、說話或教學來表達和分享自己的。

有這項天賦的人總是在尋找事物背後更深的意義和訊息，因爲那是他們要來代替集體尋找的智慧，並且和他人分享。

有時候，花許多時間探索內在這件事，可能會讓擁有天賦33的人感覺非常孤單或者與世隔絕。這也是爲什麼天賦33的人和他人分享他們的發現，不僅對聽者有益，對他們自己本身也有幫助，因爲這會把他們帶到世界裡，帶給他們連結。

這項天賦的健康人生是要在花時間探索內在，以及花時間走到外頭去和他人分享新發現的智慧之間取得平衡。

如何展現此天賦

別對獨處有罪惡感，這是你連結自身其他天賦和洞見的方式

因此，要抽離和充電。你需要許多的獨處和休息時間，不只是因爲每個人都需要放鬆，也是因爲在獨處時間內發生的事情會提升你在此生中實際「做」的事情的價值。

什麼阻礙了此天賦

有很多獨處時間，但卻用刺激的事物來填滿

你不需要特別「做」什麼來連結你的天賦，只要讓你能夠獨處去接收它的到來。但對我們大部分人來說，當我們獨處時，我們會看電視、滑手機、或者頭腦還在忙著想事情。眞正對你的天賦有幫助的獨處，是你基本上就盯著牆或者看著星星，全然地放空。試著待在你覺得舒服的地方或者獨自去散步，在你的手機上定時二十分鐘，允許你的頭腦帶你去任何地方。一開始，它可能會利用這個機會來處理一些你還沒處理的個人想法和感覺，這裡頭會充滿許多你的天賦可以發展的好東西。但你也可能發現自己遊走到偉大的哲學問題、能量、理論和未知的領域中。每個有這項天賦的人都會有不同的地方是他們會去深入探索的。你不需要很快地找出你的領域，而是要讓你的頭腦漫遊，並且帶著好奇心跟隨它前進。

天賦34 活躍

擁有天賦34的人喜愛成就事物的感覺，而且在這種時刻會對自己有最好的感受。

這項天賦的美好在於，當你帶著你的力量投入任何事物，你會爲那份企劃、關係或群體挹注一股強大的能量，推動著事物前進。你就像是把事物推過終點線的祕密武器，而你需要做的就只是投入讓你感到興奮的事物，因爲那些是會給你帶來火焰的東西，讓你可以把這火焰散播給每個參與的人。

這是非常個人的天賦，意味著當你聚焦在你自己和你的成就時，實際上每個人都會獲益。略帶自私並聚焦在你自己身上，聚焦在你想要投入的事情上，在能量上對你來說是正確的。

當你這麼做時，你在這世界上移動的方式便會帶有眞正的力量和能量，而這不僅會教導他人關於稍顯自私的重要性（這有時候是好事），同時這力量和能量也會爲你投入的團體企劃帶來推動力。

此天賦更深入的層面

當你在做讓你感到興奮的事情時，你會啓動你的魅力本質。你會感覺像是閃耀歡騰的泡泡，這是可以創造奇蹟的能量，它會吸引他人來到你身邊，它會帶來一種激勵元素，讓一個情境活絡起來。我們當中有許多人是帶著厭倦、毫無熱情的態度在做事、過生活、以及創造事物。但你不是。

基本上，當你活躍起來，你所觸及的所有人事物也都會變得更鮮活。

如何展現此天賦

允許你自己展現你的火焰、你的興奮感。允許你自己閃耀光芒，成爲外在注意的焦點。害羞或者把自己縮小來融入群體，對你來說是不正確的。當你讓自己展現完整的魅力，你實際上也會讓其他人更容易展現自己。你可以看到這有多麼激勵他人嗎？別因爲世界告訴你說這是不好的，就不去做這件事。我們會害怕閃耀自己眞實的光芒，但那就是神聖源頭賦予我們的光芒。想想看，當我們全都閃耀自己的光芒時，這世界會運作得多麼好。然後再想想你是其中一個要爲我們鋪路的人，而這就是你生來要做的事情。

什麼阻礙了此天賦

這世界會告訴你說，不要把焦點放在自己身上，但你這麼做就對了。這世界會告訴你說這很自私，但只有當你這麼做時，你才會看到這能夠爲你身邊多少人帶來助益。勇敢去擁抱你的積極能量，然後看著一切開花結果。

天賦35 分享體驗

天賦35的人總是在尋找新的事物來體驗。當他們體驗過有趣的事物，他們便會想要分享和傳遞給他人。這是我們能夠集體加速進展的方式——集結我們每個人收集到的發現和體驗，將之轉化爲有價值的事物。別人會想要透過天賦35的人來熱愛生命以及學習。

天賦35的人是停滯的反義詞，因爲他們喜愛持續嘗試不同的新事物，這讓他們和周遭人的生活都更新鮮有趣，讓人生充滿色彩，讓每個人都能稍微走出熟悉的事物。他們很擅長把我們拉向嘗試可能改善我們生活的新事物，因爲我們大多數人都是猶豫不決且拒絕改變的。

天賦35的人不會一直緊抓著不再有幫助的事物不放，不論那是什麼形式的事物，有可能是像衣服這樣的小東西，或者是工作這樣的重大事情。如果他們不喜歡了，就代表該丟掉了。他們移動得很迅速。

這項天賦最好的運用就是談論你眞正感到有熱情的事物，不去質疑它的實用性或有效性。你不會知道它會在哪裡發揮價值，而且你本來就不該知道。不要只是爲了獲得認可、價值或歸屬感而談論某事物，這麼做會損及你的天賦的正直性。你的聲音是很寶貴的。保留你的聲音讓它只用在眞正校準的時機和主題上，這會讓你所說的話有更長遠的影響力。

如何展現此天賦

學習之後再移動

理想上，移動到新的事物會讓你變得更有智慧，因爲你會在過程中積累關於自己和人生的智慧。但要確定你並非只是爲了嚐鮮而去經歷事物，一旦嚐過後就丟到一旁。要反思你先前的體驗並且得到相關的智慧，然後再完全地移動到下一個事物。

可以問自己一個問題：「那件事讓我得知什麼關於我自己和人生的智慧？」以及：「對於之後的事物，什麼才是更理想的處置方式？」

清楚知道自己重視什麼、想要守住什麼

在你對新事物的追求過程中，有一些是你會想要保留久一點的。然而，在新鮮感退去後，你可能會對這些東西感到無趣，結果就不再珍視它們，甚至把它們視爲理所當然。要找到方法賦予它們新鮮感，讓事情保持有趣。當你能夠這麼做時，你也就精通了自己的天賦。

不要害怕放掉不能帶給你快樂的事物，但社會會告訴你說，你必須守住這些東西。雖說你被教導長久的關係才是好的，或者住在一個地方二十年才是穩定的，但那並不意味著對你是正確的。

基本上，精通這項天賦就是要爲你人生中喜愛的事物賦予新鮮感和興奮感，並且拋棄所有你不喜愛的事物，好讓你能夠找到更多喜愛的事物。千萬別害怕更新任何事物。

什麼阻礙了此天賦

看向未來，卻不重視當下

要確定你並不只是閒不下來或者是從不滿足。要在每個當下全然接收你在生命中顯化的好事物。

沒耐心

天賦35的人在覺得好像「沒事情發生」時會感到無聊。請把這些時刻看成過渡時期，是生命給你的喘息空間，好讓你做些反思，等待下一個新事物到來。當你可以把人生看成體驗與反思的循環，而這兩者是同樣重要的，那麼你人生中的每一刻便可以開始感覺像是爲了你而充滿了好的事物。

天賦 36

將黑暗轉化為光明

此天賦的表層

天賦36的人可以非常深刻地感受人生。大多數人都把所有的注意力放在日常的來來去去上，而天賦36則可以看到全局。他們可以毫不費力地深入底層，觸及人生更深的層面，而且他們知道那是個脆弱、心臟爆擊又心碎的奇蹟。他們能夠感受到的人生深度，可以同時點亮他們的內心，又刺穿他們的內心。

由於他們在這方面是與眾不同的，因此他們可能誤認爲這種能力有點瘋狂、愚蠢、戲劇化，或者認爲他們必須「堅強」一點才能成功。事實上，這種狀態是高度進化且非常有智慧的，能夠看見他人沒能看見的事物，能夠去到別人不會去的地方。他們有足夠的勇氣去直視陰暗面，把它拉進光明裡，結果發現，它並沒有那麼糟糕或可怕。或許不自在、恐懼、焦慮只是被僞裝過的光明，宇宙透過這方式來協助我們進化。或許它們是一種祝福，或者有要傳達的訊息。或許它們也是人性中美好的部分。

學習與陰暗面共舞，並且整合它們，是我們轉化進入更多光明面的方式。這是人生能夠變得更甜美和更喜悅的時候，而這是我們的大腦無法想像的。透過天賦36，你能夠變成人類情緒感受領域的大師。而人生就是一個光譜，它在我們內在創造了所有的不同狀態，並且把我們所有人連結在一起，不論我們是誰。

有越多的天賦36允許自己去感受完整的情緒光譜，他們就越能開放心胸，並且變得更加強大。透過完整擁抱他們與生命的連結，他們也就爲他人展現了生命的可能性。

更深入的層面

天賦36能夠眞正瞭解所有的人。由於他們擁有深刻感受的能力，因此他們能夠感覺到別人的感受，即使他們本身並沒有經歷過相同的情況或困境。這是深刻同理與同情的天賦。更有甚者，他們生來就是要運用對人類體驗的深刻瞭解，來提升他們爲自己人生所帶來的事物。

如何展現此天賦

記得你的光明力量

當你不懼怕檢視負面事物時，你便會有最佳的表達。同時也要記得，負面事物並不比你強大，你絕對有能力去克服它或轉化它。它從來都沒有那麼具威脅性、令人羞愧或難以招架，導致你無法克服。你對自己的能力越有信心，對宇宙的良善越有信心，越是相信所有我們接收到的事物對我們來說都是完美的，你就越能夠凌駕黑暗面並且優雅地殲滅它。未必是因爲你必須戰鬥並與之正面對決，而是因爲你無所畏懼地向它閃耀愛的光芒，同時不去依附它，這就是你要化解它所需要做的。

別害怕你的黑暗面，也別批判你的黑暗面

對你來說，這其中有著許多的智慧，而且你注定要進入其中，挖掘當中的寶藏，並用那寶藏來提升你的世界。沒有什麼情緒、恐懼或負面情況是「糟糕」到讓你無法直視、無法弄清楚究竟發生什麼事的。因爲當你在檢視時所發現的，就是宇宙想要爲你挹注的魔力，其做法就是先把這些所謂的糟糕情況傳送給你。

然後，不論你從那魔力中創造出什麼，不論你如何談論它或描寫它、用它創造一項產品、或是在你的工作場所散播那智慧寶藏，這就是眞正的煉金術——把黑暗轉化爲光明。

什麼阻礙了此天賦

把黑暗面看得太沉重

黑暗面並非針對個人。我們都有黑暗面。看見它的普遍性，會有助你感覺自己的完整。你一直都是很完整的，每個人都是。情緒只是短暫的訪客，是要來協助我們和強化我們的體驗。

同樣地，不要爲了戲劇化而去追尋情緒低點，這點很重要。雖說你能夠感受情緒低點，並不表示要去追尋低點，只爲了感受它，或者把它變成你的身分認同。情緒低點來得快也去得快，特別是當我們不把它看得太嚴重或者不去害怕它時。當你去感受情緒深度，同時把自己保持在光明和高點的狀態，那就是驅走黑暗面的神奇配方。如果我們喜歡停留在戲劇性的狀態裡，就無法轉化黑暗面了。

當你達到不論經歷什麼情緒都能保持信念和希望的狀態，你就能夠協助他人瞭解到，沒有什麼情緒深度是他們無法轉化的。

天賦 37

促成團結

此天賦的表層

家人和睦團聚的時間，對天賦37的人來說至關重要，不論那是他們實際的家人，還是親如家人的友人，天賦37都是把大家凝聚在一起的人。

天賦37在晚餐飯桌上被親人圍繞時最爲快樂。這種和睦團聚就是維持群體與親近感的元素，而且這是今日世界上不夠受到重視的天賦。但想想看，我們先前並未如此分離過，而我們非常渴望的就是交流。你有著極爲寶貴的技能，而且你會在未來幾年中發現這項技能變得愈發珍貴。

更深入的層面

你是來展現眞正的團結，而這並不是以階級爲基礎，也不是以受歡迎的程度爲依據，而是溫暖開放地對待每個人。對擁有天賦37的人來說，這就是你的時代！

今天的社會非常破碎且分離，而你是要來帶著海納百川的胸襟，把一切重新凝聚在一起的。活出這項特質，把它展現出來並實現在你的生活中，也把它散播到世界上。

你可以在電影拍攝現場運用這項天賦，也可以在派對上、在辦公室裡運用這項天賦。你可以擔任派對籌劃人、瑜伽老師、個人助理。只要把人凝聚在一起是你可以貢獻的一個面向，那麼你就是做對了。

如何展現此天賦

拋棄頭腦中的任何階級概念

我們被教導要在見到他人時就加以評估，並把他們放在高於或低於我們的位置上，不論那是較強大、較弱小、較有力、較無力。但這是分離的意識，會阻礙你的包容性。當不再有階級時，就只會有無條件的愛，那也就是你的天賦。透過檢視先前的強弱評估，開始拋棄用階級概念來看人生。

對自己展現包容力

當你對自己越有愛、越敞開心胸，亦即你所有的部分都團結凝聚在一起，那麼別人也就越能看見你所擁有的天賦。

什麼阻礙了此天賦

相互依賴

要透過興奮且付出的心態把人們凝聚在一起，因爲你是要從內心來分享，而不是因爲你感覺有責任要讓大家都開心，不是因爲你的付出是根據被接收的情況來評斷價値。有人不像你那麼重視交流，那並不是說他們就是錯的、你就是對的，那只是因爲他們的道路和你的不同，人生中的優先順序也不一樣。請爲眞正享受交流的人這麼做，那就是這項天賦會瘋傳的時候，也是你會感覺最滿足的時刻。

天賦 38 表明立場

天賦38是非常原始的天賦。他們是母系社會或父系社會的保護者，不畏懼為了愛而上戰場。擁有這項天賦的人熱愛戰鬥，因為他們知道，當透過正確的意識來戰鬥，他們可能在事後達到或創造出更好的情境，優於他們現在所處的情境。他們不會因為問題或阻礙而氣餒，並且有意願去突破問題或阻礙。

他們是頑固的、堅持不懈的、喜愛親自處理事物、並且在戰鬥時感覺有活力，這些都是好事，都是要來支持你活出你最高的目的，把你指向戰士的人生。你是我們之中從不放棄的人，堅持要爭取更好的人生、更好的方法、更好的關係，只不過在實現的過程中會有一些麻煩事需要處理和克服。

決定一項天賦是正面或負面的唯一因素，在於我們是帶著什麼樣的意識去運用那天賦。我們需要有人在緊張氣氛升起時不畏懼退讓，我們也需要有人來為我們而戰。天賦38，這就是你來到這裡的目的。

如何展現此天賦

帶著開放的心去戰鬥

我們都被教導要帶著你死我活的心態去戰鬥，但你是要來展現帶著團結和愛的心態來戰鬥。你可以充滿愛地召喚人們。你可以帶著理解與同理，指出人們哪裡做錯了。當他們封閉自己或築起防備時，你仍能展現強烈的有愛態度。這不僅創造了更好的戰鬥結果，也呈現了一種人們可以感覺更安全的衝突形式。

確認你的立場

如果你不覺得自己打了一場美好的戰鬥，也不覺得有幫助世界變得更好（不論是你的世界或是更廣泛的世界），你就會覺得焦躁不安且缺乏意義。你甚至可能喪失對生命的熱情和熱忱。環顧四周尋找讓你瘋狂或慷慨激昂的事物、讓你感覺不公不義或純粹「可以再更好」的事物，那些就是你應當直球對決介入的領域。

什麼阻礙了此天賦

壓抑這項天賦

由於你需要有立場才會感覺到活力，因此如果你還沒找到自己的理念和使命，你可能會無意識地挑起戰鬥或是對他人發飆。這項天賦會想要展現出來，因此它寧願隨意找個出口，也不要完全不能發洩。同樣地，如果因爲你對鬥士只有負面的聯想，以致你試著把它壓抑下來，那麼你就會一直處於疲倦的狀態，或者產生壓抑的緊張感或攻擊性。你越是能把這項天賦導向對你眞正重要的事物，你就會感到越平靜。

天賦 39

喚醒靈性

此天賦的表層

天賦39是要來讓事物有所改變的。你被賦予了這個天生挑釁、有玩性、甚至挑逗的能量，因爲你是要來把人們稍微搖醒，而要達到這個目的，你需要帶來衝擊。

更深入的層面

你是要來帶出他人的情緒，好讓他們的感受能夠更符合他們的靈性。我們大多數人都是處於自動化模式，大部分的時間裡都是在半睡半醒的狀態，但我們又想要感覺更有活力，與內在的自我更有連結，而你就是要來把我們拉近內在的。

由於這個緣故，你去搗亂現狀是很好的，藉此稍微喚醒人們或者試著讓人們有些反應。你背後的意圖是你最大的功課。當你這麼做是爲了讓人們連結到他們內在人性、情感、靈性的一面，那麼你就是活出了自己神聖的使命。想想人們感覺最有活力的時刻，就是當他們內在的靈性被激起時，不論是因為一部電影引發了他們內在的感受，或者是和情人一次熱情的對話，還是一個引起他們注意的突發情境，都無所謂。

當你不怕去刺激他人覺醒，不論你在自己的能量中投入什麼方法和熱情，你都有能力撼動到人們的內心。

如何展現此天賦

放掉人們一開始對你的反應

不論人們一開始的反應是好是壞，都不重要。重要的是，你是否已經把他們從恍惚中喚醒，並且激起他們底層翻滾的情緒？如果是的話，你就已經提升了他們，不論他們一開始是否覺得開心。激起他們的靈性，會引發一連串內在的反應和感受，進而使他們變得更有活力、更有自覺、並且更有意義。

擁抱對注意力的渴望

你是設計來尋求關注的，因為那是宇宙想要確保你的挑釁能夠被注意到。只有在負面的狀態下，想要尋求注意力才是不好的事情。如果你知道這是你要實現使命的必須途徑，那就是神聖且完全校準的。

什麼阻礙了此天賦

壓抑你的情緒

如果你害怕表達自己完整的情緒，你就會抑制了自己去激勵他人的能力。你會這麼做，只是因爲社會教導我們，不展露情緒才是成熟且穩重的表現。但你是要來協助我們想起來，有助於我們瞭解自己的是情緒感受，而不是思考。

當你被激怒時去挑釁他人

憤怒是當你覺得受到委屈時的暫時狀態，這是我們所謂的初步感受，而不是眞實感受。但如果你緊抓著它不放，它就會把你導向更深沉的感受，像是恐懼、悲傷或冷漠。當你是在憤怒的狀態下去挑釁，那時你並沒有連結到自己眞實的情緒，因此這種狀態下的挑釁是不會提升他人的。

先私下處理你的初步反應，把這些初步反應轉化爲自我瞭解，連結更完整的自己，然後再走到世界裡去展現你的魔法。

天賦 40 樂於付出

天賦40熱愛對他們圈內的人付出，那是他們人生的原始動機之一。你是設計來想要努力工作，並且慷慨地分享你在辛勤工作中所獲得的報酬。

你是要來成爲賺錢養家的人，是自己人生中的大家長。這並不是說你要賺得比每個人都多，而是你會慷慨地跟你在乎的人分享你在勞動中所換來的果實。天賦40是非常滋養照顧且寬宏大量的能量。當你富足茁壯，所有人都會跟著受益。

如何展現此天賦

在你有興趣的領域中努力工作

當你確保自己那份辛苦的工作是有趣的，而且也是你擅長的，它就不會耗盡你的能量。畢竟，你給予自己的應該要和你給予他人的一樣多。當你找到適合你的工作，它會讓你充滿能量，而不是讓你能量枯竭，而這會讓你的光芒更加閃耀，照亮更多的人。

有時候充滿能量與能量枯竭的差異是來自工作本身，有時候則是因爲你的心態導致。這兩種狀況都能夠解決，而你只需要弄清楚自己的情況是哪一種。

尋求並接受他人的支持

由於你非常樂意支持他人，因此，你最希望從他人身上獲得的也是支持。

這種支持通常是以認可賞識的形式呈現，而那是很健康的。有這項天賦的人，他們的驅動力是來自能被看見和被讚賞，不論是小規模的僅受到家人的認同讚賞，或者是較大規模的成名或被表揚。

問題是，天賦40通常會對於尋求支持、認可、感激感到不自在。你身邊或許有非常多的人眞的很感激你，但他們並不覺得你需要支持，因爲很可能你表現得就像一切都在你的掌握之中。別害怕展現你較人性的一面。

什麼阻礙了此天賦

過度付出

你可能會達到過度付出的狀態，導致不論多少的支持和感激都塡補不了缺口。我們在生命中所做的每一件事都需要在付出和回報之間取得平衡，而在過度付出的情況下，你也就無法達到平衡，最後只會在未來的某個時間點爆發，因爲不論是在付出或接受的哪一端，一個人都會感覺到罪惡感或怨恨，積累負面情緒。

透過你的靈魂來付出，並且只付出你覺得舒服的數量。別屈服於自己的自尊心，說服自己說付出得更多才會讓你成爲更好的人。

天賦41 看見未來的可能性

天賦41的人有特殊的技能可以看見未來的可能性。他們的大腦就像超級電腦，可以看見一個情境的所有可能結果。當有事情出現時，他們能夠毫不費力地在一瞬間看見所有潛在的情境。這能力就像是瞬間下載資料，你甚至還沒有時間去理解時，就讓你立即「看見」事物了。

天賦41的人通常有著瘋狂的想像力或廣大的遠景，但實際上那並不瘋狂，因為這是來自他們能夠看見不久的未來將會呈現的完整可能性。我們大多數人的視野都受限許多，沒能看見可能會發生的事情，但是你會看見所有可能會發生的事情。

在更深入的層面上，天賦41的人連結到所有創意表達所在的能量場域，而且他們就是要來把突破常規的事物帶到實體世界中的。在此場域裡，任何情境的所有可能結果都存在（不僅在他們自己的人生中，也在更廣大的世界裡），這給予了他們看見每個可能發展方式的能力。他們是因果關係的大師。

每當你覺得和自己的創意思考脫鉤時，用重複性的活動來刺激大腦的運作，就一定會把你拉回來。這些活動可能像是塗鴉、做筆記、烹飪、寫作，不一定要是超級藝術和專業的活動，只要是能夠協助你單一聚焦並且放慢思緒的事情即可。

天賦41的人也很衝動，總是渴望新的事物來讓他們感覺更有活力，雖然有時候他們也不知道那新事物是什麼。他們通常有股渴望，而且可能去追求某個他們認為會改變他們整個人生的事物，這可能會讓他們焦躁不安，即使那只是一種比較不明顯的焦躁感。

如何展現此天賦

就你看見的事物採取行動

這項天賦是來自宇宙的指引，告訴你接下來要做什麼。如果你能夠構想出一些新的創意事物，那就是個指標在告訴你說，你就是應該創造這個東西的人。如果你可以看見一個沒人能看見的結果，就去緊緊抓住這個東西，並且深信那是可行的。放手一搏。如果你看見一項潛能，但你沒有努力讓它實現，你就會被困在想法的世界裡，產生過度的擔憂和思考，卻沒能達到你渴望的高度。

對於不能「看見」你的視野的人要有耐心和理解

如果所有人都擁有這項技能，那它就毫無用武之地了。你看見某事物和別人看見同一個事物之間必定會有落差。我知道這很讓人沮喪，但你必須時時刻刻對抗那種感覺，只要知道你並不需要強迫他們都能夠瞭解，你只需要對看不見的事物有強大的信心並等待它的顯化。那份肯定感是能夠最快讓他人也看見的方式。

什麼阻礙了此天賦

在活出潛能和活在當下之間取得平衡

別讓你看見所有潛能的能力把你拉走，讓你無法欣賞當下在你面前的事物。天賦41的人可能會困在總覺得有東西並不完整當中，因爲他們知道總是還有更多東西能夠帶到這世界上。但別把這情況誤認爲你當前的生活不夠令人滿足。別讓它剝奪了你看見眼前事物的喜悅。

別讓自己覺得匱乏

當這項天賦沒有正確的使用時，你會感覺別人的人生總是比你的好。你可能經常會想說：「他們得到的東西比我好」，或者「如果我做這件事或體驗這件事，我的人生就會好得多」。你越是這麼想，就越會消耗自己顯化偉大潛能的能力。別讓那些幻想把你拉離了正軌。總是有更多的東西可以給每個人，而你的責任就是帶來你應該帶來的東西。

天賦42 實現的潛能

天賦42是要來確保成長會發生的。它想要確保每個人和每個情境都能展現出最大的潛能。這呈現出來的是你內在有強烈的慾望想要創造和擴展，並且讓事情能夠以最好的方式發展，以達成偉大的事物。

你很容易會有正面、豐盛的展望，這也會促使你爲自己和他人創造成功。透過強烈的渴望會帶來更高的覺察，能看見所有阻擋往偉大方向發展的事物，這是你可以用在許多不同企劃和不同生活領域的另一項技能。你非常擅長克服阻礙，並且能協助他人看見他們的阻礙，因爲你的頭腦能夠清楚看見它們。即使當事情變得困難時，你也能夠自我檢視，看到自己是如何阻礙了自己的道路。你越能允許自己安靜地觀察，這項天賦就會變得越強大。

和其他所有的天賦一樣，這項天賦也有警告條款，也就是如果你只把它用在自己身上，是不會帶來結果的。如果你全然聚焦在實現你自己的潛能，整件事情就會短路。你必須在你的能力範圍內，樂於運用你的技能來確保他人的潛能得以實現，而這會書寫在你的命運裡，當你這麼做時，豐盛就會流向你。眞心誠意地想要他人成功，是讓一切富裕發展的關鍵元素。

如何展現此天賦

以自己擅長的方式協助他人實現潛能

這並不是關於全然地投入，也不是關於要做任何的事情來提升他人，而是關於找出你擅長的領域和方式，藉此協助人們活出他們的潛能，讓你得以爲世界做出很大部分的貢獻。你越能夠清楚知道自己可以在哪裡增加價值，你能帶來的價值就會越多。

什麼阻礙了此天賦

犧牲自己的目標來協助他人成長

必須要有健康的平衡。你不能只是協助他人實現他們的潛能，卻犧牲了自己。如果這是你的工作，就要收取合理的市場價格。如果你是全職母親和家庭主婦，別耗盡了自己的能量只爲了確保每個人都能提升，但卻沒有照顧到自己。你應該瞭解這個概念。

不要試圖創造特定的結果。要記得，如果你投入好的意識和校準的能量，最好的結果就會發生。有時候那結果甚至是你還無法想像的，但如果你展現出自己最佳的方式，它就會實現。

要是聚焦在獲得結果上，有時意味著你會對結果感到更自在，但卻未必對過程感到自在。然而，你必須記得的是，生命總是一個持續的循環，會經歷新的開始、過程、然後結束，而在結束後，會有新的事物重新開始循環。「結束」可能感覺很好，但那是個幻覺。別把展現潛能膚淺地誤認爲是很好的結局，而是要聚焦在人生這個長久的遊戲中，活出我們的潛能。

別因爲急著要抵達終點而忘記了重要的課題，因爲在這種情況下，雖然你還是會進入新的循環，但相同的模式和主題仍會重複出現，直到你已經把它們整合內化爲止。

天賦 43 頓悟

有這項天賦的人通常會有靈光乍現的時候，他們會以比當前時刻更先進許多的方式看事物。這些洞見給你的感覺或許沒有那麼特別，那只是「你看待事物的方式」，那是你天生的觀點。但別誤會了，你的思考方式是非常有未來感的。

你是要來和他人分享你看事物的方式，帶領我們前進未來。有更好的做事和看待事情的方式可以提升我們的人生，而你是至少一個領域中這方面的專家，但通常在你整個人生的過程中，這會擴展至運用於許多的領域。

你是要來帶領我們大幅躍進的——不是逐步前進，而是理解上的大跳躍。所以千萬別抑制或弱化你對未來的視野來迎合他人，因爲那會削弱了它的效果。

儘管這項天賦聽起來很高超，但它是扎根在效率上，目的是要讓我們的人生更好也更輕鬆，因此，它從華麗的升級到日常的升級都有可能。舉例來說像是工作站：想像一下當人們有了完美的辦公室配置，所有的辦公設備和系統讓一切變得更輕鬆和更簡化，多少人能夠因此有更高的產能和創意。

如何展現此天賦

在正確的時間向正確的人分享這些洞見

開始記錄你不尋常地看待人生的方式，不論是做筆記或是在頭腦裡記下來。有此天賦的人通常會把它視爲理所當然，甚至看不到那天賦有多麼特別和有價値。你越是清楚自己看事情的方式有多麼不同，你就越能夠和他人分享，而且你會知道哪些正確的人會需要它，哪些正確的情境可以做分享。當你經常處於向他人做貢獻的狀態，你所說的洞見就能夠美好地被傳達。

另一方面，如果你保留了這些洞見，只因爲害怕別人不認同你的天賦，或者因爲你自己不珍惜這項天賦，抑或純粹只是沒有經常在做分享，這些洞見就會在內在積累，有時會造成你非常直率或毫無條理地脫口而出。在這種情況下，人們會無法理解你的天賦，進而更加強化了你的信念，認爲其他人不珍視你。

要珍視你的智慧，就像你珍視他人的智慧那樣，儘管它看起來是不一樣的。

要在足夠尊重自己的天賦，以及接收和重視他人的洞見之間取得平衡。通常有這項天賦的人會朝某個方向前進得太遠，導致他們覺得自己總是被自己的思緒和擔憂給淹沒。

什麼阻礙了此天賦

擔心別人會不瞭解你

當你持有信念認爲其他人不會懂你，這會變成自我實現的預言，因爲這可能會造成你過度解釋、畏縮、批評、或者在說話時感到惱火和挫折，而這些都會讓他人對你要說的話不是那麼感興趣。用你能夠理解的方式來陳述事情，而且要相信那會像是一個回巢的信號，吸引注定要接收你的話語的人來到你身邊，並且是在完美的時間點來到你身邊。

因為別人的落後而感到挫折

再次強調，你會在這個時間點來到這裡，是因爲會有人瞭解你並且喜愛你帶給他們的大跳躍、升級和效率。如果大家都能做到這件事，那就沒有什麼意思了。我們在集體上擁有多樣化的技能，這樣才能讓我們的世界有所提升。

天賦 44 看見模式並將之轉為智慧

帶著天賦44，你是個神童，能夠看見模式和趨勢，並且能夠預測接下來的情況。你可以檢視目前所有的事物，並且看到接下來明顯的進展。你的頭腦會自動產生「如果之前已經有甲和乙了，那麼接下來就會是丙」。

這項天賦會在他們感興趣的人生領域中展現，不論那是時尚、科技、科學或是一般的生活。

這是一種能夠看見模式並且運用在人們身上的天生能力。你本能地知道誰是校準的，而誰不是。你能夠嗅出哪些人是適合彼此的，不論是在工作中、在關係中或是在友誼中。就像其他的天賦一樣，你也能在自己的人生中展現這項能力。

每種模式裡頭都帶有智慧和訊息。你是要來運用這智慧來改善我們做事的方式，用更好的方式把人們結合起來，並且預測接下來的情況。

擅長看出模式意味著你能夠辨別事情會如何進展：誰的關係會發展得很好，哪些事件會從當前的情況中持續下去。

在你自己的人生中，如果你有這項天賦，你是要來眞正從你的過去裡學習的，並以此作爲指引，讓今天有不同的呈現。這會使你成爲進化的專家，訣竅在於要利用過去來創造一個更好版本的未來，而不是延續相同版本的發展。

如何展現此天賦

多加練習

就像所有的直覺本能天賦一樣，你越是留意它們，訊息就會變得越大聲。你在這項天賦上有多拿手，端看你有多留意去傾聽它的訊息、信任它，然後據此去採取行動。當你不傾聽，那就像是在說你對那直覺不感興趣，生命也就不會再傳送那麼多直覺訊息給你了。

有這個天賦的人，要展開一段關係的好方法是寫下所有它對你說的小事情（不論是寫在紙上或是記錄在手機裡），即使你還沒準備好採取行動也要先記錄下來。自己誠實面對這些訊息，就已經是往正確的方向邁進一大步，特別是當這些訊息有點麻煩的時候，你還是願意去承認它們，那就是很強大的一步。

什麼阻礙了此天賦

不相信「不對勁」的感覺，只因為你無法說明原因

有這項天賦的你，要來學習的一部分課題是，事情雖是眞實的，看起來卻未必一定「有道理」。直覺本能是最古老的智慧形式，信任它就對了。

害怕過去會重演

你可能（有意識或無意識地）有這樣的信念，認爲過去發生在自己身上那些不好的經歷會再次重演。這裡的邏輯是，過去能夠預測未來。但其中的問題則是，雖然你有時能夠看見人生中的趨勢和不幸事件，但並不意味著只會有這種情況。人生充滿各種隨機、自發性的事件，還有劇烈的轉折。要提醒自己，人生也有可能一夜之間就全然改變，未來是一張全白的畫布，你能夠在上面創造任何你想要創造的事物。只有當你選擇緊抓住負面的經歷時，這種負面經歷才會主宰了你的人生。

天賦

45

資源豐盛的解決方案

天賦45的人活在眞實的世界裡，並且知道如何善加利用情勢來將參與者的財富、健康和幸福快樂最大化。天賦45會檢視你所擁有的事物，並且能夠告訴你該如何運用你擁有的那些事物。

賺錢是一回事，天賦45的人還很擅長留著錢、儲存起來、進一步擴增，也知道如何最好地利用所獲得的金錢。

在管理家庭或團隊事務也是一樣。天賦45知道我們當中哪個人最擅長什麼角色，知道誰該做什麼事情，好讓大家都一同受益。

在身體健康方面也是。每當你需要協助時，天賦45都能滿足你的需求，而且知道哪些務實的步驟能夠協助你改善。

當你處於糟糕的困境時，天賦45會知道如何讓你回到安全的狀態；而當你只是在還可以的狀態，天賦45也會告訴你如何變得更好一些。

如何展現此天賦

帶著愛去協助他人

這項天賦是強烈扎根在確保人們的安全與生存上，因此是很務實的。但我們通常會認定那意味著你必須很嚴厲或者很冷漠，不過這些實際上並不相關。要記得，你可以極爲務實，同時也很有愛與溫暖。在你做這些事情時，務必和你對人們的同理之情保持連結，這會讓你的天賦閃耀光芒。

什麼阻礙了此天賦

聚焦在你沒有的事物上

如果你聚焦在你缺少的事物上，就會阻礙你的能力去善加利用你已經擁有的事物。擁有天賦45的人最棒的資產就是杯子半滿的態度，不僅如此，他們也能看見要採取什麼步驟來把杯子填滿。

把挑戰和問題搞混了

由於你擅長就事物做出最佳的運用，因此你經常在檢視看起來不甚理想的情況。別因爲這樣就讓你覺得生命充滿了問題，或者讓你覺得很挫折，只因爲事情從來都不好，或者事情還可以更完美。

事情可以更完美，但那是人生的旅程，我們必須找到方式，帶著興奮與希望來迎接它。我們是創造理想與幸福的人——就在我們每次把它挹注到我們所做的每件事情裡，以及我們在這個世界中善加運用我們的天賦時。挑戰的到來是要讓我們能夠創造更好的事物，而且每次都是。

天賦 46

體現

你此生要來做的其中一件事情就是，學習愛你的身體。對你來說，擁抱讚賞你的身體經歷是非常重要的。你的身體是個工具，你需要用它來與這世界分享你的天賦。你並不是那種單純只坐在電腦前面的人；你需要使用並移動你的身體。

透過運動、自我照顧的習慣、以及良好的飲食來滋養和頌揚你的身體，也是你來到這個地球上要體現的關鍵元素。

如果你傾向活在頭腦中，那麼這項天賦會向你展示說，當你學著放掉思考和分析，並且把你的感受和五感放在更優先的位置，你的夢想就能夠更輕鬆愉快地實現。身體會讓事情變得更簡單，頭腦則是會把事情複雜化。

這項天賦是關於愛你的身體，但實際上則是關於找到輕鬆愉快。我們的頭腦讓事情變得沉重，因爲它會緊抓住事物並過度思考，而身體則只是想要呈現和享受實際的體驗，這是輕鬆許多的生活方式。這就是你要來精通的事情，並且成爲他人的模範。我們都想要感覺更自由和更輕鬆自在，而這就是我們做到的方式。

放掉過去，放掉你的故事，成爲會被日常生活的魔法給逗樂的人，因爲那就是天賦46的本質。最終，你只需要記得，之所以會有人生，是因爲我們有著實際的身體存在這地球上，而正是透過身體這個媒介，才讓所有的事情能夠發生。

當你開始運用你的身體作爲入口，通往你要在此生中創造的所有事物，你就會開始享受新層次的頭腦與身體連結，身體能夠帶給你關於想法、信念和情緒的線索，而透過改變任何一個部分，你就可以看到自己的身體經歷明顯變得好多了。

身體是個被忽視的工具，而你就是要來展現其魔力的。

如何展現此天賦

相信身體知道的比頭腦多

你被教導說，你必須持續掌控一切事物，控制事情以你想要的方式發展，但這眞的是大錯特錯。透過這項天賦，你有著天生的能力能夠發現自己在正確的時間出現在正確的地方，但你大概根本沒看到這件事，因爲過度思考會阻擋了你的視野，讓你無法看到擺在你面前的機會。當你清空了腦袋，跟隨著身體的渴望，你便會接收到更多的指引以及更清晰的方向。

什麼阻礙了此天賦

身體的掙扎

儘管這項天賦的智慧是關於我們的身體就是我們最大的祝福，但這世界還是會教導你相反的事情，讓我們以爲我們必須去控制身體，認爲身體是個負擔，認爲我們必須和身體對抗，認爲我們不能信任身體的渴望，包括對食物、休息、感官或性的渴望。通常來說，天賦46的旅程就是要忘掉之前學習到的所有認知，重新和你的身體培養感情。

對抗身體或者和身體脫鉤，可能會呈現出這些情況：暴飲暴食、透過物質來麻痺自己、性成癮或禁慾、對自然的慾望感到羞恥、假裝自己沒有慾望。

你與身體的連結，是你最大的祕密力量。試著站在你的身體這邊，把它當成你最好的朋友來對待，看看自己的願望實現時有多平靜和輕鬆。你甚至不會感覺自己在「做」任何事。

天賦 47 再創造

天賦47，你的人生中發生問題的事情，眞的會讓你很低落。你有著深刻的恐懼：「要是一切都沒有意義呢？」這是有好理由的——爲了確保一切確實能夠成就其最大的潛能！

你有技巧能夠看見事情的現況與它們偉大潛能之間的差距，而這會讓你十分的不舒服或痛苦，讓你完全無懼於突破所有那些把我們侷限在舒適圈裡的模式。你是要來持續轉化，同時協助他人也這麼做。

你和最偉大版本的自己有著強烈的連結，那感覺就像你一直被拉向要成爲那個版本的自己。你很敏銳地意識到自己的命運，而且想要盡一切可能實現那命運。由於這個緣故，你並不害怕放掉任何關於自己可能阻礙實現該潛能的東西。

當你眞正貼近這項天賦，它是關於不懼怕褪去你任何部分的身分認同，好讓你能夠成就更偉大的角色。這使你成爲蛻變的專家，因爲如果你的身分認同中有任何一部分阻礙了你實現自身的渴望，你都不會把它留下來。當你經常在改變關於你自己一些微小、通常似乎不相關的事物時，你就知道自己正確地活出了這天賦。

如何展現此天賦

擁抱抽象思考

你的頭腦並不是線性的運作，而是抽象的。你無法透過這世界教導我們的解決問題方式來找到答案。每當你在需要創造改變時嘗試線性分析的思考方式，你也就違背了自己的本質。

對你來說，少去思考如何處理現在，而應更常去夢想著更好的方式看起來是什麼樣子，然後就去那麼做。別解決舊的事物，要構思新的事物。執行新的微小存在方式，不論那是習慣、思考方式、姿勢、或任何反映出更強大版本的你，如此一來，它們就會在你的能量藍圖上創造出巨大的轉變。

放輕鬆

每當你感覺有壓力要在人生中找到解決方案時，解答就不會出現；而當你放輕鬆，連結該情境的整體感受或能量時，一切都會蜂擁而至。你要把自己天生的思考方式邀請進來，這思考方式的基礎有著自發性的啓發和概念形成過程。

什麼阻礙了此天賦

對過去過度分析

你內在有著壓力會想要理清你的過去，讓一切都有意義。但並不是每一件事情都需要有道理，有時候你可以把事情放下。

不論如何，檢視過去最大的幫助就是啓發新事物。別困在過去當中了。

需要理解他人的人生故事

別試著想要透過與自己的經歷連結來理解事物。要記得，並不是每一件事都能套用你的個人架構或觀點，而且我們也絕不可能眞正瞭解其他人的人生旅程。如果你太常投入你的這項天賦去試著這麼做，你只會困在比較和批評之中，更別說這還會耗盡你的能量，讓你無法投入更正面的事物，也就是再創造。

天賦 48 智慧之井

如果你擁有天賦48，那麼你是非常有深度的人。

你有著巨大的內在生活，你會有非常深刻的感受，而且你可以很容易地穿透表層。天賦48的人很容易會認爲每個人都是這樣，但事實並非如此。你並不需要「努力學習」這項天賦，你甚至還沒眞正見證過這項天賦的實力——它眞的很強大。

由於這個探入深度的能力，你天生就帶有眞正的智慧，對於人生的齒輪如何運作，你有著直覺的理解。

這份智慧是一口深井，是個無盡的資源，是他人需要發展自身智慧時能夠來取用的。

你沒看過這項天賦的完整能力，其中一個原因是，這智慧和深度只會短暫出現，也就是當有需要時才會出現。當在現實中有事情發生時，那就是清晰感浮現的時候；或者當有人有個難解的問題時，你會發現自己知道整件事情的來龍去脈。就是在那些時刻裡，你可以看見你有著高度發展的情緒智商。但在大多數時間裡，你並不會覺察到這項天賦，以致你可能會有種錯誤的信念認爲自己沒有眞材實料，認爲自己很無能，不可能成就你渴望的事情。

如何展現此天賦

把你的情緒發展擺在優先順位

做內在的練習，連結你的情緒和直覺，這是你要達成你的人生目的非常重要的元素。那就像是你的祕密武器，因爲那些情緒感受就是資訊，總是包含了指引，告訴你要如何把某事物變得更好。

面對你的恐懼

每個人的內在深處蘊藏著我們最偉大的魔法，以及我們最大的黑暗面，它們是被鎖在一起的。我們越能夠去面對我們的恐懼，那魔法就越能夠展現出來。特別是對有天賦48的你——當你探索得越深入，你就會越滿足。別感到抱歉或者隱藏你的深度，只因爲這世界教導你說，情緒深度和智力是相對立的。若你這麼做，只會讓你與自己的智力脫鉤、與內在的人生智慧脫鉤。

如何解放此天賦

別讓頭腦說服你說你是不足的

當你有著如此廣大的內在風景，因此，你會更清楚地看到缺口與匱乏之處。在你實際展現自己的能力之前，你無法看見自己的能力有多強大。因此，諷刺的是，如此有深度可能會讓你覺得自己沒有眞材實料。那就好像其他人擁有某些東西讓他們很成功、很快樂，但那是你沒有的，導致你很害怕自己永遠無法達到成功和快樂。

如果你去回顧你的人生，你會看見你總是在有需要的正確時間裡得到答案，這就是天賦48在發威。你越是能夠眞正看見這情況一直都在上演，你就越能相信你在旅途中一定會接收到你所需要的東西，讓你能一步步邁向成功。

天賦 49 人道主義者

帶著這項天賦的你，深刻地渴望能改變世界，並且可能從小就有這樣的渴望，即使你並不知道該怎麼做。你是要來成爲革命者的，因爲那是你自身本質的原型。

眞正的革命者和改革者並不是爲了挑戰而去挑戰，也不是爲了要強烈地批評。事實上，是許多自大的人在創造那種明顯的反叛。

你是要來協助帶來不同的改變，讓人們以更多的同理、柔軟和開放去面對人生，進而化解批評，讓我們團結成爲一體。

當你帶著「大家都獲勝時，我們才算成功」的心態做這件事，那會是你的最高表達。因此成爲帶來雙贏的運動、產品、服務的一部分，就是你的大指標。舉例來說，像是能夠讓消費者和地球都受益的替代性能源，能夠協助弱勢族群的倡議（也讓慷慨的人有更多的捐錢選項），能夠讓人們的生活更具美感、同時促進他們思考或者合乎道德的事物。你應該瞭解那概念。

透過創新和創意來進行改變，是安靜的革命，但那仍舊是革命。然而，你也可能是那種會說出眞相、表達憤怒和鼓動群眾的革命者——你的人類圖中的其他部分會讓你知道，而且你的內心也會感覺到。務必要從愛出發，帶著團結人們的意向來做這件事，而不是去批評那些在意識進化道路上還有很長一段路要走的人。

若要詢問你所參與的改變是否走在正確的軌道上，一個好方法就是問自己：「這也會協助人們內在的進化嗎？」那可以是頭腦、身體、心靈或情緒的進化，但只要你提供了成長和改善的潛能，你就是走在正確的軌道上。

如何展現此天賦

運用自身經驗帶來改變

別害怕去檢視你覺得這世界和這社會有問題的地方。只有當你無所畏懼地弄清楚你所看到的問題，你才能創造正確的事物。每個有這項天賦的人都會看見不同的事物，知道你遇到的哪個事物是宇宙想要你聚焦的事物。

訣竅在於：在檢視事物的問題時，你也必須把自己以及意識納入。要敞開心胸留意到，你在哪些時候仍舊會批判他人，哪些時候是你的分離思維會介入的，以及哪些時候你會抽離，和他人保持距離，特別是在惱火或憤怒的情況下（這對擁有天賦49的人是非常貼切、中肯的）。還有，運用你自身的經驗來告知自己關於其他人的想法和感覺，而當你連結到了這些想法所出現的狀況，你不僅能夠運用這資訊來告知和改善你對世界的貢獻，同時也會協助你真正看見我們實際上有多麼相似。

我們都是在同一條船上。

什麼阻礙了此天賦

害怕被拒絕

有這項天賦的人非常渴望創造團結與和諧，因此他們格外害怕被拒絕。很可能你會把他人最微小、最細微的行爲解讀成是在拒絕你，但他們或許沒有這個意思。要留意當你感覺被拒絕或被拋棄的時刻，在這些時刻裡試著抽離，透過較爲客觀的觀點來看這些互動。也盡可能不要因爲需要成爲先退出的人，而去拒絕或離開一個情境。試著展現出以柔軟且開放的態度來誠實面對自己的感受，因爲這會以貼近個人的方式，在兩個人之間創造一種革命性的新動能，而這跟你要在更廣大層面上進行的革命同樣重要。事實上，這會爲它鋪好路。

天賦 50

強大的價值系統

你生來對於人類的行爲有著強烈的是非感。你用高標準的正直與道德來要求自己，而這就是你要來爲他人服務的一部分——成爲一個典範，讓人與人之間的互動能夠更公平且更尊重。這項天賦非常根深柢固，就像是一種強大的內在覺知，而且你發現要做錯事很困難，特別是如果你知道那是錯誤的。

不論你是否試著這麼做，你都是道德的守門員，而其他認識你的人也能在你身上感受到強烈的道德指引，以及對公平性的重視，即使他們並不確定爲什麼會有這樣的感受。

儘管我們傾向把是非對錯認定爲是固定的東西，但它們實際上是流動的。不同的社會、歷史上不同的時間點、以及廣大社會中的不同小群體，全都需要不同的價值觀系統以符合他們的最高利益。因此，這項天賦並不是一種頭腦中的智力和教條；它實際上是以直覺爲根本的，因爲它連結到哪些價值觀能夠服務人們、哪些不行，不論是在哪個時間和情況下。

這項天賦會帶來天生的交際手腕，因爲當你身處於群體中時，你就像是黏著劑，能讓大家更和睦地相處。你通常不需要有意識地「做」任何事來達成這些，只要你把擁有道德操守的人放到一個群體中，這就會自然發生。你的標準會創造一個模板，邀請他人一同提升。

如何展現此天賦

持續進化你自身的價值觀

一個很好的做法是，經常問自己，有哪些我們珍視的價值觀實際上已經過時了？那些價值觀可能是上一代傳給我們的，但已經不合時宜或者不再有用了。當你變得越覺察、越更新，打造自己的價值觀系統，並且保持流動與開放，你就越可能發現自己站上了社會中強大的地位，能夠影響許多人的公平正義。這是因爲當你是絕對正直與正確時，生命就會想要運用你，讓那天賦帶來最大的影響力。

因此，舉例來說，你會想要避免僵化的思考方式，像是「這一直都很糟糕」或者「只有這個才是好的」。這個世界會誘惑你使用絕對的思維，而這會創造錯誤的安全感。實際上，若想要確保所有人的安全和成功，我們需要更有彈性，並且根據每個不同的情況來做評估。在你所在的任何情境中，都要相信你的直覺總是會嗅出對每個人都有利的結果、決定和行爲。你並不需要預先決定任何事。

不帶批判

要記得，公平和道德對其他人來說並沒有那麼顯而易見。他們並不是不懂，只不過那純粹不是他們的天賦罷了。

什麼阻礙了此天賦

恐懼責任，這實際上是害怕成為你最高的自我

帶著這個看見是非對錯的能力，你會感受到巨大的（大多是無意識的）壓力需要成爲典範和權威。你內在會有這股壓力，外在世界也會帶來這股壓力，而且那通常是你最大的恐懼——害怕它所帶來的責任。生命召喚你來接納這項天賦，所以，緊緊地抓住它，理直氣壯地帶著它狂奔吧！你的設計就是要在此生成爲權威，而分享這項天賦是你的職責。

如果你覺得在提升時受到了阻礙，要知道，成爲權威並沒有讓你高人一等，這純粹只是你的特定任務。

有些問題可以協助你排除阻礙：你會把責任與什麼做連結？是被批評或責備，是和他人分離或者與他人不同，是肩膀上的重擔，還是擁有權力會讓你變成「壞人」？一旦你能夠找出你對這件事的特定恐懼，看到那是多麼不理性的信念，你就能夠開始化解它，更願意去感受那恐懼，但同時仍舊繼續前進。

天賦51 激勵者

不論你是否去嘗試，天賦51都會給你能力去對人們產生衝擊和影響。你是非常勇敢的人，你是要來跨出框架的，並且協助我們所有人都這麼做。

大部分時候，人類所謂的「人生」實際上是非常小的框架，他們接受這框架，並把自己擠進框架裡，包括身體上、心智上、情緒上和心靈上。而且他們不會在這框架中擴展，更別說去突破框架了，除非有人能把他們喚醒一些，而那個人就是你。這是個啓發者的角色。你可能是透過讓他們感到震驚和衝擊，或者純粹透過喚醒人們看見新的眞相來做這件事。正確地展現這項天賦，對你而言便是眞誠的方式。這些都沒有好或壞之分。如果你帶著愛心和同理來做這件事，你就是光之工作者。

如何展現此天賦

和你的野心成為朋友

你的靈魂選擇給人們帶來衝擊和影響，因爲這麼做是你成爲最高自我的部分過程。因此，不要批評你想要去影響他人的渴望是不好的，或者質疑自己值不值得影響他人。這和「你」無關。宇宙把這項天賦配置給你，因此你不如就接受它，並且好好地展現它。衝擊和影響能夠確保你的本質（透過你的話語、貢獻和行動）以應有的方式觸及人們。

什麼阻礙了此天賦

你被教導對影響力所做的負面連結

人們通常會去批評、羞辱或打擊這種衝擊和影響的特質，主要是因爲他們害怕被推出自己的舒適圈。

關於平庸和正常的迷人之處就在於它很舒服自在，而且是可知的，這導致你會害怕你的衝擊和影響特質，因爲人們是如此恐懼它們。

但關於恐懼，儘管那是人們非常眞實的感受，然而一旦他們被引介進入更大的框架中，他們就會完全忘了原本的那種恐懼。你就是有能力立即升級人們框架的人。但若要做到這件事，當宇宙推著你去展現那天賦時，你就必須擁抱那個面向並且信任宇宙。

要擺脫你被告知的故事，也就是這麼做會讓你看起來很愚蠢或者像是在尋求關注。提醒你自己說，想要衝擊，想要震驚、鼓動、爭議，這本身並不是壞事，而是端視你是帶著什麼樣的意向去做這件事。你越是能用好的方式去做，這世界就越能夠重新理解這種特質。

別因為無聊或是自己想要有「感覺」而去做震驚的事

當你的內心真正告訴你要這麼做時才去做。濫用這項天賦會帶來負面的結果，這也是我們通常會把帶來震驚和衝擊的人做負面連結的原因。

天賦 52

靜止不動以獲得結果

你天生的能量是平靜且踏實的。你在靜止不動的狀態中能夠獲得許多清晰感。你會傾向停留在一個地方，而不是到處移動，這對你是好事。你並不是要像世界上其他的人那樣東奔西跑的。

當你貼近自己那靜止不動的特質，會有種永恆、靜止的特性，對其他人是極度具有吸引力的。你是很古雅、穩定、不為所動的，這對現今世界的我們來說是非常放鬆且受歡迎的休息處。

你不會被當下的情況鼓動，不會陷入當前的狂亂中，或者受到混亂所動搖。你有著超然的觀點，知道不能被拉進這些暫時的事物當中，也因此，你有能夠看到大局的智慧。擁抱你比其他人都更靜止不動的特質，把這看成是一種力量。

如果你試著像無頭蒼蠅那樣到處亂竄，像別人那樣引發一連串的活動，你就會失去這份清晰感和智慧的天賦。如果你把自己的人生變得複雜，過度填滿自己的人生，你就不會擁有單純性，允許你去看見真相。那不僅會讓你對自己的人生感到不確定，而且你也無法透過靜止不動帶給你的智慧來引導他人。

如何展現此天賦

當你感覺要行動時才行動

這世界讓你覺得你每天都必須要「動起來」。但是，你必須停止試圖這麼做，並且要用你的獨特方式：如果你保持不動與平靜，你便會開始注意到能量在你的內在累積，推著你朝某件事物而去。當你給它時間累積到足夠的狀態，它會變成強大的推動力，使你必定要做些什麼，因爲你需要釋放那能量。那就是採取行動的正確時機，因爲你所有的能量和焦點都在這件事上，而這會比你透過頭腦強迫自己在準備好之前就做一大堆的小事來得更強而有力。停留一下等待單一的大事，你會擁有所需的燃料，而且也會讓事情進展得更好。

試試這麼做：允許自己幾天不運動，然後你會在某一天醒來後突然覺得自己需要動起來。這就是這項天賦的展現。允許讓你的身體來告訴你什麼時候是正確的移動時間，並且擁抱你天生的靜止本質，因爲它會告訴你一切你需要知道的事情。

簡化你的人生

你越是抽掉暫時性的階段行動、執迷或追趕流行，你就能看得越清楚。另外也要專注於簡化你的內在世界和你的想法。當你排除了自己頭腦中的雜音，你也會讓其他人能夠做到——純粹就是存在自己的能量裡，他們會因此感覺更安靜，感覺自己的內在更平和。這也會擴及你所做的每一件事，不論人們是看著螢幕上的你、待在你所創造的空間裡、或是來到你家裡用餐。這就是人們會最珍視你的時候。

什麼阻礙了此天賦

強迫提出行動計畫，相信這是完成事情的唯一方式

別人會告訴你說，你必須「專注」並且計畫你的下一步，但只有在你也有天賦9的情況下，這對你來說才是在能量上正確的事情。如果沒有，那麼你不是採取行動去執行的那個人，實際上才是眞正活出了你的設計。

當你需要的時候，或許你生命中會有其他人把這能量帶給你；或者你完全不會獲得這個能量，因爲你的人生軌跡並不需要它。要記得，當你感覺內在的能量累積起來時，你的身體自然會去採取行動，而且那會是你需要採取的完美行動。成就的重點並不是在於你採取了多少行動，而是關於在完美校準的時間點採取完美校準的步驟。如果你試著要採取先發制人的行動，你也就搞砸了時機點。

天賦 53

啟動者

你最喜歡做的並且也是你生來要做的，就是展開事物。不過，你未必是要來完成那些事情的（根據你其他的天賦而定）。這種啓動的能量在大事和小事上都看得到——可能你食物只吃一半，可能你沒有把整本書讀完，這都反映出這項天賦很擅長啓動事物，但不是那麼聚焦在下半部的過程中。

對每個人來說，很容易會在事情一開始時最爲興奮，任何人都可以創造些什麼，因此那本身就是一種天賦。給予事物「盡可能最好的開始」就是種天賦。這是你要來做的，亦即打造很棒的基礎。

當你創造某事物時，起初投入的意向和能量就決定了它會如何發展。你有這項天賦，不僅能爲了展開事物而展開事物，同時也會對該企劃有強烈的意向並深植在整個基礎中。

當你設定了很棒的基礎，你的工作就結束了。你不需要維持這件事繼續進行，因爲你已經創造了很大的動能，能夠帶著這份努力好好前進，而且也會有其他人帶著其他的天賦來對這件事做出貢獻。

如何展現此天賦

清楚知道什麼是值得保留的

你人生中有些事物是值得滋養和保存的，譬如你珍視的關係。如果某一段關係讓你感到無聊或乏味，你就會去結交新的朋友、新的家人或發展新的工作。再回到你的天賦上：它是關於設定好的基礎，帶來新事物的能量。從宇宙的觀點來看，你也可以在丈夫或妻子身上重複做這件事情，並且每次都有更深入的層面。你們一起達到的每個新高點都需要有新的動能頻率和新的基礎。先嘗試那件事，然後才移動到其他事物或其他人。這無關外在事物的改變，這是關於你持續展現這項天賦。

不要因為事情變得有挑戰性就放棄了

知道自己已經做了完整的貢獻，以及因爲事情變得艱難有挑戰性所以你離開了，這兩者之間是有差別的。或許事情已經不再讓人興奮，你也覺得無趣了，但這未必是離開的時候，因爲你必須學習如何從內在帶出興奮感，並且把它投入到你在做的任何事情裡。如果你離開去做其他帶給你新鮮刺激感的事物，你還是會遇到同樣碰壁的情況，這就是人生要你去向內看的時候。

什麼阻礙了此天賦

責備自己沒有完成每一件由你啟動的事情

外在世界有哪些事情完成了並不重要，重要的是你的內在世界成就了哪些事情。就像你是個偉大的啓動者，而世界上還有其他人是很擅長完成事物的。這也是爲什麼我們都能成就彼此，這是非常美好的。

儘管如此，並不是每件事情都需要完成，而且事情到哪個狀態算是「完成了」又是由誰決定的呢？

如果你的本質有所成長，並且精通了分享你的特殊天賦，這些總是會延續下去，轉化爲外在世界的成功。更有甚者，你自己就是你會成就的最大企劃。

天賦 54

成就之愛

成就事物並且獲得報酬的過程會讓你感到很興奮。你是天生辛勤工作的人，而且喜愛一步一腳印去到你要去的地方。對你來說，重點不只是結果，還有中間的努力過程。這過程會帶給你生命能量，當你因爲某事物而感到興奮時，你便能夠持續拚搏下去。

你也喜愛看到自己辛勤努力所帶來的成果，不論那成果是賺錢、產生偉大的結果、或是因爲你所做的事情而受到感激或讚揚。你的投入和你的收穫之間的循環，是讓你感到活力滿滿的元素。

對你而言，成就並不是關於其他人。這是非常個人的事情。努力的過程讓你對自己的感覺良好，帶給你喜悅和自信。有事情可以努力，對你的靈性是很好的，因爲在你努力時，你總是處於最佳狀態。當你去追求某事物，是因爲你喜愛投入能量到事情裡面的感覺，然後看到自己辛勤努力所帶來的成果，那份愛是很顯而易見的，而且也讓你變得非常迷人，不論對他人、對前景或對宇宙來說都是。與此同時，宇宙也會帶給你越來越多的同步、機會與流動，好讓你能夠在這個向上攀升的循環中繼續律動。

如何展現此天賦

接納你的野心和對辛勤努力的熱愛

社會可能會告訴我們說，野心是貪婪或是自相殘殺的。但那些只是世界上的舊思維——我們要掠奪一切，打壓每一個人，才能爬到頂端。對成就的愛實際上是關於熱愛你的才能，並且願意每天都專注投入這項才能。持續展現這項才能，看看它會帶你到哪裡去。當你把它看成是能提升個人高度的美好事物，就會改變它周遭的整個能量，包括別人如何看待它、它在過程中給你多好的感受，以及它爲你開啓的機會之門有多好。

什麼阻礙了此天賦

相信「如果我不能成為最好的，就根本沒有嘗試的必要」

在你都還沒開始之前，就想要保證你在某事物上會成功，這麼做會讓你什麼事也做不了。同樣地，別因爲你的頭腦說服你說某事物是最可能帶給你成功的，於是你就選擇了該事物。要相信不論你對什麼事物感到最爲興奮，那都是宇宙想要你做的事情。

你是被設計來要攀升到頂端的，因此要保持開放去接受任何的結果，而且那結果通常會比你能夠想像的還要好上許多。此外，對你來說，重要的不只是結果而已（儘管你有驅動力能讓任何校準的事物成功），你從過程中所獲得的內在滿足感也同樣重要。當你擁有熱情並去擁抱努力攀升的過程，你就會成功。如果有什麼事物讓你眞正感到興奮，試著只把你的能量投入到這件事，並且開放地接納各種結果，那結果可能甚至會優於你的想像。

把目光聚焦在他人的成就上

要記得，這項天賦是關於你個人和宇宙之間的關係：你投入努力，並且看到獲得的回報。因此如果你把它轉向其他人，太過關注他人的成就，你就會偏離正軌，失去了這項天賦的魔力。如果你是把自己拿來跟外在的期望和標準做比較，那麼即使你持續努力攀爬，宇宙還是不會帶給你多少成功的。

天賦 55

豐盛

你是能夠完整並強烈感受情緒的人，而且你有比其他人更容易感受情緒的天賦。由於這個緣故，你有能力知道人類的體驗實際上有多麼豐富且不可思議，而且當你欣然接納這樣的覺知時，是很有感染力的。

這世界非常聚焦在獲得我們認爲會讓自己開心的事物上，而你的天賦是要提醒我們說，如果我們沒有敞開心房和身體去接納更高的情緒狀態，那麼就算你活出了自己的夢想人生，可能也不會快樂。豐盛的人生體驗是內在的工作。

感受豐盛與充滿喜悅是我們都想要的感覺，而這是你需要鍛鍊的肌肉。你是要來領頭帶路的。

如何展現此天賦

學習接納所有的情緒狀態

你會深刻地感受到完整的情緒光譜，包括那些不好的感覺，像是憂鬱、悲痛和哀傷。唯有當你願意正視它們的時候，你才能開始轉化它們。在你感覺到它們時，給它們命名，並且意識到它們並不是永久的，它們也不是在反映「你」這個人的本質。一旦你能夠看見你的情緒並不能掌控你，你就不會那麼嚴肅地看待低落的情緒，那也意味著它們不會停留太久，因爲你不會緊抓著它們不放或圍繞著它們編織故事。它們可以純粹成爲訪客，確保你一直都是能深刻感受的人，是個情緒的智者，讓我們都能連結到我們的內心。一旦你釋放了低落情緒對你的影響力，你就能夠花更多時間在良好的情緒感受裡，而且你越是花時間在好的情緒裡，它們也會增長得越多。這是成爲世界上喜悅明燈的永恆道路。

什麼阻礙了此天賦

因為有負面情緒而批評自己，或是完全阻斷負面情緒

這世界仍舊害怕深刻的去感受情緒，因爲我們認爲那會讓我們變得不穩定、不聰明、沒有能力、沒有力量。但隨著你去探索這項天賦，我打賭你會開始看到那和事實是恰恰相反的。爲什麼每個人類會想要任何事物，是因爲我們相信那會帶給我們快樂，或者讓我們避免悲傷和苦痛，而這項天賦是關於認知到這些過程主要是內在的工作，而且每個人都能做到。透過敞開自己去接納這種可能性，你會變成這種人類轉變的領導者。

因此，欣然地接納你對事物的感受。你被賦予了這項能力，好讓你可以成爲我們所有人的燈塔。

天賦 56

滋養靈性

你是充滿靈性的人，是要來透過想像力與創意做溝通，豐盛你的人生，也豐盛他人的人生。有這項天賦的人通常是很棒的說故事者和表演者，因爲這項天賦是以創意的右腦爲基礎的。當你和人們交談時，你並不是要來純粹傳遞事實；你是要來激起他們的火花，或是讓他們有某些感覺。如果你需要運用幻想和潤飾，你就這麼做，因爲這會開啓人們的想像力。

這項天賦的重點並不是關於過去的事實，而是關於過去可能的模樣。你並不是要來照本宣科地傳遞訊息，而是要引發人們以新的方式思考或感受。有時候，你喜歡說些震驚或鼓動人們的事情，因爲你喜愛不同觀點的交互作用，而那會有助於你做探索。

在你的想法中，你喜歡創造幻想，享受沉浸在虛構的世界裡。你這麼做，對其他人的人生享受是至關重要的。想想看，有多少人的人生因爲J. K. 羅琳廣闊的想像力而變得更豐盛了。

如何展現此天賦

別去批判這天賦

你可能認爲這天賦很愚蠢，但這是一件非常嚴肅的事情。如果沒有這樣的人，我們就永遠不會被推動著改善事物。我們需要夢想出更好的版本，創造理想和幻想，讓我們可以作爲目標，否則的話我們便會被困在科學裡。雖說那也很好，但這是個平衡的力量。

學習適度地融合一切事物

沒有既定的「好事」或「壞事」，不論是吃東西、做事、體驗，都是如此。你是要來瞭解到，如果能夠在當下滋養和提升你的靈性，那對你就是好的；如果不行，那就是不好的。有些日子裡，一杯酒就能強化你對人生的享受，其他的日子裡則不行。關鍵在於，別賦予教條式的法則來讓自己感覺更安全，而是試著在當下去評估事物。你越是這麼做，你就越能夠信任自己，進而內在更能感到安全。你要敞開心胸去探索和嘗試生命所帶給你的任何事物，因爲這就是你所需要的。

什麼阻礙了此天賦

追求極端

由於這項天賦喜愛感受刺激和活力，因此他們可能會傾向去刺激自己，並且聚焦在許多實際上並不重要或者無法滋養其靈性的事物上。或許你會花太多時間滑社群媒體、看電視或是趕赴各個約會。很重要的是，你要不斷回來詢問自己：「這件事現在是否有滋養我的靈性？」藉此來指引你，讓你知道自己在做的事情對你是否正確，或者你是否只是為了刺激而去追逐刺激。每件事都有正確的劑量，如此才會展現其魔力。剛剛好的瘋狂、剛剛好的幻想、剛剛好的冒險，那就是這項天賦的神奇之處。如果你去傾聽的話，它就會引導你達到你的「正確劑量」。

天賦57 感應環境

有些人走進一個房間裡，立即就能讀到裡面的頻率、人們、以及人與人之間的動能。他們有著強大、預測性的直覺，會在當下立即浮現，而他們的頭腦甚至都還來不及處理這些資訊。

天賦57是一種直覺形式。如果你有這項天賦，意味著你會更容易看見或者「讀取」某事物的本質，而不是看見那東西本身。你會接收到一種感覺或頻率，而你只需要這些就能判讀自己需要知道的一切。

當你信任那些感覺，並且不需要知道那感覺從何而來、為何而來，你就可以放掉需要理解一切事物的想法（在你眞正擁抱這項天賦之前，你都會執著在這想法上）。你會開始看到，在任何時刻裡，你都知道下一步，並且那就是你需要知道的所有事情。

你內在有許多天線，而當下的情境基本上都是充滿各種訊息的。你只需要全心專注在你當下的所在，而不是聚焦在頭腦告訴你的想像情境裡，不需要演練或逃避，即使不舒服，也要完全投入當下，那就是這項天賦能夠獲取最多收穫的地方。

你是要來向我們展示，當我們變得柔軟和放鬆，所有的智慧和解答都會浮現，並不需要苦苦掙扎去尋找它們。我們都被制約認爲唯有一直保持高速的忙碌生活，我們才能成功、強大和快樂，但你就是要來向我們展現柔軟與安靜的力量。

一旦你眞正放鬆，並且完全沉浸於你所在之處，你便可以深刻地感受到當下能量的眞相，而且實際上能夠感受到接下來會發生什麼。這項天賦與未來緊密連結，而你則有第一手的資訊。

如何展現此天賦

抗拒想要說明你的直覺感受的衝動

關鍵在於要瞭解到，你感受事物，只因爲你會感受到它們。我們的文化會要你說明自己，因爲我們相信聰明的人可以說明他們的智慧。你必須要擁抱一個事實就是，你所接收到的事物是無法完整被解釋的，因爲它是來自比你還要大許多的能量。

什麼阻礙了此天賦

恐懼未來

當你仍舊感到害怕，無法放鬆融入你當前的情境，你便會感覺到對未來的恐懼，而那實際上是對未知的恐懼。

當你把注意力都放在頭腦編造的故事上，而不是聚焦在你當前的環境中，你便會和你的直覺脫鉤，進而造成一種不安感，那完全和信任人生背道而馳，而這呈現出來的就是經常性的擔憂「會發生什麼事」和「我該怎麼辦」。

太過聚焦在實體世界

我們都被教導要聚焦在實體上，作爲嘗試控制自己人生的方式，而那也是其他人在做、在說的事情，這是我們都參與其中心照不宣的「現實」。你越是能夠提醒自己實體只是現實的一部分，你就越能夠連結自己的天賦。

天賦
58
將平淡轉化為喜悅

天賦58完全是關於爲生命注入喜悅。你有著熱切的渴望想要讓人生偉大且美好，而當你在內在發展這項渴望時，你會不由自主地散發出喜悅和活力。喜悅是人類體驗的最高境界，而分享這個狀態就是你要來做的事情，不論你「穿著什麼樣的戲服」來做這件事。

專注於喜悅和活力，是宇宙想要確保你會持續努力爲自己和爲他人爭取更好的事物。因此不論事情發展得有多好，你總是會經歷對現狀感覺不滿意的循環，那就是宇宙在告訴你，是去檢視四周、注意還有什麼是可以升級和轉化的時候了。

你所創造的喜悅有多少，和你檢視現狀的意願多寡有直接關聯。你需要不帶批判地檢視現況中哪些事物並不是最佳狀態，並且尋找它在指引你去做的改變。

如何展現此天賦

和過程當朋友

這項天賦的祕訣在於，要擁抱你想要達到更高境界的渴望，而不去覺得什麼都不夠好。只要你還活著，就別執著在事物總是能再改善的事實，因此，倒不如把它看成是一場有趣且令人興奮的遊戲，好讓你可以在過程中持續感受到喜悅。

很重要的是要對你的日常事物、對簡單的事物、對活著本身感到喜悅。你可以創造你的夢想人生，但如果你還沒學會在過程中看著夜空中的繁星，眞正沉浸在喜悅之中，那麼就算你達到了所有的目標，也不會就突然感受到喜悅。

此外，喜悅和滿足是兩回事。沒有人會活在永恆的熱情洋溢狀態中，因此不要施壓自己去追求那種不存在的理想狀態。有時候感覺溫和或中性是沒問題的。和感覺至高的喜悅比起來，內心深處能夠感覺滿足和活力更爲重要。但要瞭解到，任何的憂鬱或哀愁並不需要成爲你人生中固定的一部分，而且它們的出現是個清理的機會，好讓人生能夠變得更好。人生有這樣的潛能可以持續變得更甜美，是多麼幸福的事情啊！

什麼阻礙了此天賦

和你的不滿足脫節

在一些情況中，可能會往另一個方向發展：不是固著在你不喜歡的事物上，而是要承認你對某些事物不滿足，這可能會讓你感到害怕。

由於你非常渴望想要感受喜悅，因此有時候會讓你不願意眞正去檢視什麼事物讓你不開心。或許你害怕那東西是無法改變的，所以你甚至不敢去嘗試。或許你覺得那會太痛苦。但感受喜悅的唯一方式就是透過不滿足。我要在這裡提醒你的是，你從來都沒被困住，而面對你眞實的感受，就是獲得完整力量來轉變你的人生的第一步。它絕對不會讓你無力招架，它絕對不會像你頭腦想像的那麼困難，而且宇宙帶給你的轉變一定都是你能夠勝任的。

要獲得你渴望的一切，就是要眞實面對你對人生中任何事物感受到的滿足與不滿足。到最後，你可能會發現在找到內在的不滿足時會感到很興奮，因爲那是在指向下一個你可以創造新的喜悅層次的地方。

天賦 59 促成人際的連結

你在人生中的主要資產之一就是你和他人如何和睦相處，並且協助他們也彼此和睦相處。創造和人們的關係以及讓他們彼此連結，是你在人生中最喜愛的事情，而這實際上也是你的人生使命的關鍵。

對你來說，你人生中的核心焦點就是人，這是很必要的。要投入許多時間維持和滋養你的關係連結，從情人到熟人都是，這也會是你生命中最大的回報來源，並且一直都是。因此，儘管都是你在維持與人們的聯繫，或是手機上有數以百計的訊息，或是到現在還經常和某個國中同學一起喝咖啡，也別因爲這樣而批評自己。你偏好預先保留許多的時間，因爲隨時可能會需要跟人們聯繫。

此外，你喜歡人們聚在一起時那種正面互動的感覺，不論是私底下的互動還是工作上的互動，而這是你在人生中最享受的事情。並不是每個人都像你這樣喜歡和人接觸。要接受這是你的超能力。

對你而言，這感覺眞的就是：如果人生中沒有其他人，還算是什麼人生呢？

如何展現此天賦

把溫暖看成是你的獨特強項

我們被教導說，保護自己、築起高牆才是聰明的做法，而且我們要表現得好像一切都在我們的掌握之中，好像我們不需要別人。你是要來體現相反的情況，是要來教導我們的。你可以喜愛和欣賞他人，與和他人連結，放下防備，同時不會失去自己的核心。你可以把與他人交流放在第一順位，不讓他們對你可能有的恐懼或成見影響到你。

讓真實的你閃耀光芒

由於和他人連結與和睦相處對你來說非常重要，因此有時候你可能被制約認爲，你必須要有策略地計畫你的互動，好讓它們可以按照你想要的方式進行。但這樣會造成反效果，因爲這會讓你看起來是在謹愼控制和管理的模樣，反而讓人們無法眞正感受到眞實的你。放輕鬆進入關係連結裡，而不是預先構想你的互動。做自己，溫暖且良善的自己，這是和別人相處最好的方式。

在今天的世界裡，帶有這種溫暖和善態度的人很少見，因此我們會被這樣的人所吸引。我們會想要待在他們身邊、參與他們在做的事情、支持他們在賣的東西等等。

如果你在人生中先預設互動，而且得到的都是一般程度的連結，那麼你就不會願意冒險不先去預設互動，因爲那可能會得到更糟的結果。但是如果你不試看看，你就永遠都不會知道，而且你也會一直被困在不安全感裡，無法眞正做自己。唯有透過做完全相反的事情，你才能夠擺脫那種恐懼。當然，你可能不會跟每個人都相處得很好，而且在一開始，如果你不確定自己討喜的地方，你可能也不會和人有很好的連結，因爲他們會感受到那情況，這樣就會影響到你的連結。要接受這會是個嘗試錯誤的過程，但這絕對是值得的過程，因爲這會豐富你的連結，協助你熱愛和欣賞自己所有的眞實本質。

什麼阻礙了此天賦

扭曲了你的個性

你本能上知道要說什麼和做什麼，好讓別人喜歡你。儘管這也是一種關係連結，但你在這種連結裡永遠不會感受到眞正的安全與自在，因爲你呈現的是個虛構的性格。這是非常累人的連結方式，因爲你必須時時刻刻扭曲自己的自然行爲，這會消耗你許多的心智能量。

你會這麼做是因爲你內在有一部分並不是眞正相信人們會接納眞實的你。而諷刺的是，你天生就很溫暖且願意付出，因此大部分人都會不自覺地愛上你，只要你能放掉預先設想的互動、放掉「裝酷」，並且擁抱你的溫暖，就會擁有更眞誠且具磁性的連結。

你的溫暖就是你的獨特賣點。當我們展現眞實的自己時，人們總是會更受到我們的吸引。我們所有人都是非常防備的，因此大家都渴望有像你這樣的人來打破所有亂七八糟的事情，因爲這允許我們放輕鬆地成爲眞正的自己。

你有責任全然接納自己，好爲你所有投入的關係連結定調。

天賦60 突破限制

有這項天賦的人是大夢想家，同時也是超級務實且機靈的，而這是很強大的組合。你決心要讓事情發生，並且完全不能忍受有任何東西阻擋了你的道路，不論那是規範、限制或繁文縟節。你是要來突破這些東西的，而且你有驅動力和韌性來支持你。

這項天賦是關於清楚地瞭解人生的務實性。你知道如何善加利用界線：有時候規範會給予我們支持的架構去進行創作，而有時候規範也會拖累我們。你很擅長評估事物是屬於哪種狀況，哪些架構在這裡是有幫助的，哪些是會阻礙我們的？

這項能力讓你成爲最好的成就者，因爲你並不天眞。你在開始前會評估你的情況，然後運用你擁有的東西來進行。你會看到阻礙你達成任何目標的事物，然後看到要如何排除那些阻礙物。

你是「當生命給你檸檬，你就做成檸檬汁」的終極體現。但如果你有葡萄，你就會做成超級無敵好喝的葡萄汁。

韌性和足智多謀是你的名號。

如何展現此天賦

擁抱你的沒耐心

你無法忍受路障，而突破路障則會讓你情緒高昂，這是宇宙在告訴你繼續這麼做。有時候這種無法忍受路障的態度，可能會讓你看起來很沒有耐心，但這是一種好的沒耐心，它會推促著你去排除那些障礙好穿越到另一邊。

然而，對規範、框架、架構感到沒耐心，以及對人沒耐心，兩者之間是有差別的。有時候你會發現自己感到很挫折，因爲別人總是「慢吞吞」或者「就是搞不懂」。但要記得，他們並沒有和你一樣的天賦，而且他們是在自身神聖的步調中運作。你是那個要來爲所有人清除阻礙的人，如果每個人都和你一樣，你也就無用武之地了。

如何解放此天賦

別因為感受到限制而氣餒，要利用這情況作為燃料來突破限制

因爲侷限和限制而感到無助或無力是很容易的。但不要有這種感覺，這些全都是來幫助你的。

當有東西阻擋你時，要知道，那無關你的本質或潛能。它發生在你身上並不是要來拉住你，它是要來點燃你內心的火焰，重新激起你的驅動力。

改變你的觀點，不再把阻礙視爲負面的事情，而是視爲正面的事情，這通常是你要眞正展現這項天賦需要做的最大而且也是唯一的調整。

這些路障是一種祝福，因爲它們讓你保持在做自己的道路上，也就是展現你總是想要擴張和進化的那一面。

天賦 61 內在覺知

你是個好奇的人，總是在尋找答案和眞相。這種需要知道的動力，推促著你去持續深入地探索，瞭解你感興趣的事物。

有時候，你會運用這些理解來協助他人的理解，但同時，你的新層次理解也會擴及所有你在做的事情，因爲你會帶著不同層級的意識來做這些事。因此，不論什麼情況都會影響其他人，包括直接或是間接的方式。

當你獲得關於某事物的內在覺知時，那是很清楚而且很難忽視的，就像是下載東西或是閃電，你會感覺它貫穿你的核心。當你看見或感受到事物的眞相時，你會很深刻地感受到。

天賦61就是關於這個內在特殊眞相的雷達，你在大老遠就會嗅到眞相。這無關擁有所有的事實；它會在你消除所有外在雜音並且連結你對眞相的感受時發生。隨著你的成長，你會看見眞相在內在向你顯現，而不是看見外在世界的事實和資訊。因此，關於這個內在覺知諷刺的地方是，當你停止經常性地尋找，你想要和需要知道的一切便會向你湧來。

關於眞相的重點在於，它並不是固定的。隨著我們進化，它也會進化。保持開放去接收新層級的眞相和覺知，只要你保持開放，它們就會持續深入地向你顯現。

如何展現此天賦

別試著向他人說明

雖說你無法證明或合理化某事物，並不意味著它就是無效的。要克制想要根據外在世界的標準來證明眞相的衝動，要強力堅守內在雷達告訴你的事情。有時候你會無法說明，那也沒關係。很重要的是你要相信自己。你的內在覺知是與神聖力量直接連結的，那是個寶貴的資產，有著更高層級的智慧，是科學無法企及的。

什麼阻礙了此天賦

分心

只有當相關資訊對你和你的人生使命有益時，向外在尋找答案才是好的做法。當向外尋求解答是出於強迫或是一種分心，讓你無法看到內在雷達在說什麼，那就不是那麼好了。因此，需要詢問自己說：「這是滋養我的知識嗎？或者我只是需要這知識來讓自己感覺安全、聰明或有價值？」

需要最終的答案

別盲目地支持一個宣稱擁有所有答案的系統，不論那是宗教、靈性系統或是科學。這麼做是錯的，因爲你的覺知會隨著你的心智擴展而持續地更新和進化，因此想要得到任何事物的最終答案一定會拖累你。

在今天的世界裡，擁有最終答案可能感覺像是一張安全毯，因爲知道答案會讓我們覺得自己得到了掌握和控制。但眞正的安全是讓生命來引導你，當你的意識已經準備好接受下一次升級時，可以帶領你在每一次的轉折點提升至更高的觀點。你越是讓這情況發生，你就會在眞相中感覺越安全，這是宇宙這個看不見的力量持續給你的人生帶來的好事。

天賦 62

兼容並蓄的知識

你是你的朋友群中那個獨特的人，會知道並且記得關於許多獨特和多元事物的隨機事實。在這項天賦的核心裡，這世界上有些東西對你來說是非常有道理的，但對其他人來說，他們就是不瞭解。通常的情況下，當一個隨機、不尋常或不能套入我們常見事物中的東西出現時，我們都會去排斥它。然而，這些正是你非常喜愛而且能夠理解的事物。

這項天賦聚焦在你天生對事物的理解能力上，而不是聚焦在「被教導的」知識。但別誤會了，你是非常聰明的，只是比我們當前的現狀更先進一些。

如果這項天賦在你聽來好像很無用，要知道，它並不會無用。當你允許自己去吸收你感興趣的事物，你就會看見它們會在之後以某種方式派上用場。你只是還沒看到，但別因爲這樣就覺得這並不是個不可思議的天賦。

如何展現此天賦

接納你內心的知識

要從內心來分享，而不是只陳述事實。要記得，你並不是要成爲人體教科書。你是要來分享你知道的事情，分享在你心中有道理的事情，而且你不需要擔心你不知道的事情。別質疑你在內心深處相信的眞相，儘管這世界還沒跟上這些眞相。

把事實呈現出來

你的天賦是要把你確實知道的事實變得很讓人興奮。語言是很神奇的，而且你有著獨特的表達事物的方式。善用你的優勢！你總是能閃耀光芒，而且當你以生動、熱情的方式向別人陳述，而不只是朗誦枯燥的說明，你就會帶來最大的衝擊和影響。

把語言當成工具來協助你傳達感受或是打從心底的理解，而不是純粹講述事實。那就是你要來做的事情，而且這也是人們會對你最爲感激的地方。把你的熱忱毫不掩飾地展現出來，而當你把它看作是力量時，你也更有可能讓別人把它看作是力量。然而當我們仍舊質疑時，就會創造更多空間讓他人來批評、懷疑和蔑視。給你的天賦最閃亮的聚光燈吧！

別質疑你對事物的興趣，那不是隨機的，而是神聖的

宇宙讓你對那些事物感興趣是有原因的。你能分享的正確事物，是那些你覺得有意義的事物，而不是因爲大家都在分享而且也預期你要分享的事物。或許這種想要和他人相同的預期，來自於你給自己施壓的壓力，因爲你看到你產業中的其他人或者社群媒體上的人在談論這些東西。當你反其道而行，撰寫關於外星人的虛構故事、創造日本漫畫貼紙、或是在訪談中談論任何你有興趣的事物，此時才是你最有魅力的時候，而不是說著大家都在說的陳腔濫調，不論那些陳腔濫調多麼有啓發性或多麼先進。讓自己跳脫大眾主流吧！

什麼阻礙了此天賦

聚焦在不重要的事物上，藉此避免聚焦在靈魂想要你聚焦的事物

有這項天賦的人有時會運用他們的能力來吸收許多細節（並且迷失在其中），作爲分心的策略，以延緩進入他們的偉大狀態。迷失在沒有幫助的事物細節裡可能會變成一種無意識的方式，來拖延呈現你的偉大天賦。

當你覺察到自己迷失在執著和分析那些對你來說不是眞正重要的事物，你也就能夠釋放更多的能量來從內心做溝通。

天賦 63 探索未知

天賦63總是在詢問關於人生的問題。他們喜愛去探索還有什麼是他們不知道的事情，總是還有空間能夠讓新的知識進入他們的生命中。通常來說，當他們在追尋答案時，他們會找到更好方式來檢視事物，並且獲得新層次的資訊。透過這麼做，他們也推進了我們集體對靈感與資訊的渴望。

這項天賦並非關於找到答案，而是關於將頭腦擴展至平常的界限之外，好讓它能夠深思集體所知領域之外的神祕未知區域。

在你最好的表達上，你熱愛未知事物，而且不會對未知事物感到不自在。當你培養出對生命的深刻信任，相信遠高於你的力量，此時，未知事物就成了有趣的新領域，準備好迎接我們的發現與驚奇。這就是你被設計要來展現的靈性，同時也帶領他人一同進入。

對事物的健康性質疑，給了你一個追尋答案的頭腦。你不會對事物照單全收，而是想要探索更多，這讓你能夠獨立思考，而在今天的同質化世界裡，這是非常有價值的。

如何展現此天賦

尊重你的懷疑

和你的懷疑一起坐下來，去傾聽它們、接納它們。逃避這些懷疑、忽視它們，才是讓你無法前進的原因。懷疑並不一定都像這個社會認爲的那樣是「不好的」。你會有深思和質疑事物的特質，就是要讓你能夠在資訊和理解上達到更高的層次。而其魔力就在於接納你的懷疑，而不是去壓抑它。因爲當你問了新的問題，你也就創造了空間來接收新的答案。

傾聽正確的懷疑

和所有的天賦一樣，當你不把它全都用在自己的個人生活上，這項天賦才能夠發展茁壯。你應該要向外檢視人生，並且去思考那些你感興趣的事物，藉此獲得新的想法、概念和智慧。但在你的個人生活方面，我們不應該去詢問事情會如何發展，因爲這會剝奪了人生的神祕感。當你懷疑自己的未來時，你會有種無力感；而當你把這項天賦用在你感興趣的主題上，並且見證你的天賦發威，你就會感覺到強大且有能力。

什麼阻礙了此天賦

內化其他人的懷疑

由於你連結了懷疑的能量，因此你也能夠感受到人們在懷疑他們自己。切記不要去承接那些懷疑，或者誤以爲那是你自己的懷疑。

當你對自己感到不確定時，就問自己：「這是否來自我的自我懷疑，還是我感覺到別人在懷疑我或懷疑他們自己？」這有可能來自當下，也就是你周遭的人，或者來自過去，也就是他人的懷疑在過去給你帶來的烙印，而你把那些能量給內化了。

天賦 64

終點線

這項天賦會創造快樂、平和的結局。你是個專家，能夠確保對話、創作或投射都有適當的完結，而且偏好結果更勝於過程。此外，在你覺得你從中獲得了什麼之前，你不會去結束任何章節，不論是獲得了教訓、答案、或者解決了剩餘的問題。

你的大腦總是在疑惑著：「這一切是爲了什麼?這一切會成就什麼?這其中的教訓是什麼?」由於你詢問這些問題，因此你會帶給我們對某些情境的清晰感，協助理解一切發生過的事情。

你不會留下沒被探索的部分，這對你來說是好事。一切必須都要有意義。在最深的層面裡，這是非常有哲理的天賦，因爲天賦64是所有天賦的最後一個。

在宏觀的層面上，它代表著人類在生命終點時需要回顧一生，知道這一切都是有意義的。

如何展現此天賦

當事物還在進化的過程當中，要學習與不確定感共存

你尋求的清晰感，並不會來自無止盡地分析或者嘗試說明，而是來自足夠留意生命的過程，當

宇宙試著把答案傳送給你，你就會接收到。別嘗試去抓取清晰感，只要清空你的頭腦去觀察。在等待結局或答案的到來時，你可以練習相信只要你保持開放，答案必定會到來，並且是在完美的時間點到來。回想你生命中事情似乎不明朗的時刻，然後突然之間，一切都到位了，有了完美的收尾。如果你曾經經歷過這種情況，也就更能夠知道這就是生命的循環。

接受看似失序的事物

在你到達終點前，事物看起來不會很到位、不會很有秩序。只有在結束後回頭看，才會看到秩序。當事情還不確定前，別放棄。持續投入生命當中，做你該做的。當時間成熟時，你就能用最美好、最簡潔的方式把一切收尾，儘管你並不知道一切爲何會如此完美地進展。

什麼阻礙了此天賦

害怕離開當前的循環

結局可能是很可怕的，因爲你不知道接下來會是什麼。因此，尋找答案的過程可能比找到答案時的感覺還要安全。一項企劃、一個問題、一趟旅程的終點並不是一切的結束，純粹只是展開下一趟旅程的基礎。結束成了新的開始，並且是持續重生和更新的循環。我們一直都在這個過程當中，即使我們來到了「結局」。生命總是還有更多和更高的層次讓我們去探索。

要記得，缺乏清晰感和你的本質無關

在你還沒有清晰感的那些時刻裡，千萬別以爲這是因爲你缺乏知識、缺乏理解或是缺乏能力所導致的。你不需要總是有答案。別受到制約的恐懼影響而害怕去經歷人生，害怕經歷所有的麻煩和混亂，甚至讓你逃避人生。跳進去就對了。要有信心，一切都會有意義的。

當你接受這一點，你就能夠回顧和做結論，並且比任何人都更好地總結一項企劃、一個時期或一項實驗。若要精通循環，你就必須身在循環中。

【結語】活出你的設計

我們經常被該成爲什麼模樣的想法轟炸，我希望這本書能把你拉回來，讓你記得自己生來原本的模樣。我希望這本書能解放你，讓你免於浪費頭腦與身體的能量，試圖去追逐不同於你天生神聖設計的運作方式。若要能夠眞正活出自己的本質，只要記得自己眞實的模樣，就已經完成了九成的工作。

當你試著要做出改變，要活出你的設計，那感覺可能有如排山倒海一般，會讓你很疑惑究竟該從哪裡開始。我會建議你挑選自己最感興趣的部分著手。當你看見這些資訊如何給你的人生帶來正向的轉變，你也就見證了這項工具是眞正有用的，而這過程也會產生自然的動能，帶著你繼續前進。

至於要如何執行，任何方式都沒有所謂的對或錯。每個人閱讀和使用本書的方式都會有所不同，而且實際上也應當如此，因爲在學習上並沒有任何一體適用的單一方式，在執行上也沒有所謂「對的」順序，只有對你而言正確的順序：你的天性特質將會引導你去執行你的完美過程，只要你順應著自己在每個當下自然受吸引的方式去進行即可。

成爲眞正的自己並不是一蹴可幾的。你有一輩子的時間能夠一步一步地提升，總是還會有更高的層級等著你去發掘，只要你能夠堅持一步一步繼續走下去，你就能建構一個強健穩固的基礎。活出你自己存在的方式，便能向這個世界閃耀你的光芒。讓人們具有獨特吸引力的，並不是某個單一的特質。你只需要去觀察不同的人，就會發現，在他們展現的各種不同特質中都能找到其吸引人之處。讓人們具有獨特吸引力的，正是當他們很清楚自身的本質並且活出該核心特質時。

當你在自身眞我的模樣中茁壯，你就不會經常因爲各種關於你該成爲其他什麼模樣的明示與暗示而搖擺不定。

人類圖經常被稱作是一種實驗。這是一份邀請，並不是要你對我所說的言聽計從，而是眞正把書中所提到關於你的一切，實際去嘗試運用，看看它爲你的人生帶來的影響與改變。

當你和他人分享時，這個過程更能夠眞正發光發熱。

接納他人代表能夠瞭解到，對他們正確的事物，和對你正確的事物是全然不同的。

除非你能夠看見他人眞實的本質，否則不可能會有眞正的接納。當你看見他們底層的運作機制，你會看到他們的純眞動機，你會瞭解到他們爲什麼會有這樣的行爲方式，而且你也會體悟到，那些惱人的行爲其實是因爲他們有時候會展現出受制約的一面，而不是他們眞我的面向。

瞭解他人眞正的本質，並且看見他們與你的不同之處，能夠帶來深刻的接納，而接納正是彼此相愛的基礎元素。愛他們並不是透過你的頭腦，而是要能眞正看見他們。

我希望本書能夠協助你瞭解到，你天生的特質就是最完美的你。

我希望本書能夠協助你疼惜那個試著想要成爲其他模樣的自己。

我希望本書能夠解放你，讓你不再認爲需要扭曲自己來成爲某個模樣。

我希望本書能夠解放你，讓你成爲此生來到這世界上要成爲的那個人。

不僅僅只是因爲這樣的人生能夠帶來更多的舒坦、成功與喜悅，同時也是因爲成爲自己最高的表達，才是給他人最好的相待方式。

致謝

最重要的感謝要獻給你，也就是本書的讀者。你在拿起本書之前，必定已經展開了意識與成長的旅程。正是有你這樣的人，這個世界才有實際的眞我存在，能夠生活在深刻的愛與關係連結裡，用各自獨特的方式來創造出科學可驗證的魔法，讓彼此一同提升。我們每個人都扮演自己獨特的角色，爲這個共同的使命而生活著，這就是我的初衷。

致賀氏書屋（Hay House）出版社：感謝你們爲我頭腦中的思緒流動注入了生命與現實，同時也信任我所交出的作品，能夠納入貴社爲世人所留下的寶貴資產之列。

致拉（Ra）：感謝你爲我展示了道路。我希望我能讓你感到驕傲。

致馬內克斯（Manex）：你是我在這個世界上的靈性嚮導。謝謝你指引我看見隱藏在人性中的神奇力量。

致蒂娜（Tina）：你開啓了我內在世界的門扉，我甚至都不知道有這扇門的存在。

致露絲（Ruth）：感謝你成爲我的第一位也是當前的導師。

致戴拉（Dara）：感謝你鼓勵我進入這個領域，也推促我去接觸許多不同的事物，激勵我的成長。

致艾蜜莉亞（Amelia）、卡琳娜（Karina）、克里斯塔（Krista）、喬丹（Jordan）和強納森（Jonathan）：感謝你們成爲我的同謀。

致珍（Jane）：你是上天送給我最大的禮物。

致泰勒（Taylor）：感謝我的幸運星，神奇地現身在我的生命中。

致我的家人：媽媽、爸爸、安德魯（Andrew）和蘇菲亞（Sofia），我很感激我們每個人是如此徹底地不同卻又同心協力。你們帶給我最大的力量與最多的喜悅。

致我的姊妹：這是獻給我們的。

國家圖書館出版品預行編目（CIP）資料

人類圖天賦使用說明書：12種角色，64個閘門，活出你靈魂喜悅的樣子／珍娜．柔伊（Jenna Zoë）；王冠中譯. -- 初版. -- 臺北市：橡實文化出版出版：大雁出版基地發行，2023.11
面； 公分
譯自：Human design : the revolutionary system that shows you who you came here to be
ISBN 978-626-7313-67-1（平裝）

1.CST: 占星術 2.CST: 自我實現

292.22 112016129

BC1125

人類圖天賦使用說明書：12種角色，64個閘門，活出你靈魂喜悅的樣子

Human Design: The Revolutionary System That Shows You Who You Came Here to Be

作　　者　珍娜．柔伊（Jenna Zoë）
譯　　者　王冠中
責任編輯　田哲榮
協力編輯　劉芸蓁
封面設計　斐類設計
內頁構成　歐陽碧智
校　　對　蔡昊恩

發 行 人　蘇拾平
總 編 輯　于芝峰
副總編輯　田哲榮
業務發行　王綬晨、邱紹溢、劉文雅
行銷企劃　陳詩婷
出　　版　橡實文化 ACORN Publishing
地址：231030新北市新店區北新路三段207-3號5樓
電話：(02) 8913-1005　傳真：(02) 8913-1056
網址：www.acornbooks.com.tw
E-mail信箱：acorn@andbooks.com.tw
發　　行　大雁出版基地
地址：231030新北市新店區北新路三段207-3號5樓
電話：(02) 8913-1005　傳真：(02) 8913-1056
讀者服務信箱：andbooks@andbooks.com.tw
劃撥帳號：19983379　戶名：大雁文化事業股份有限公司

印　　刷　中原造像股份有限公司
初版一刷　2023年11月
初版二刷　2024年 1 月
定　　價　580元
I S B N　978-626-7313-67-1